文明寻思录

第三辑

触摸中国商业文明的

时代脉搏

秦朔◎著

四川人民出版社

写给在这个充满变数的时代中不变的我们

新起点：值得用灵魂拥抱的新时代

每个时代都有自己的主题，每一代人都有自己的命运。

AI（人工智能）与新零售，蓝筹归来与泡沫消散，鄙视链与保温杯，"怼"与"虐"，"剁手党"与商品房限购，《战狼》与《芳华》，寒风中回乡的民工与佛系的吃鸡玩家，当这一切随着流逝的时间而去，或者在未来延续，你是否会伤怀，又是否会祝愿？

2017年12月26日上午，深圳蛇口的改革开放博物馆开馆。下午，庆祝招商局集团创立145周年大会举行。我在蛇口一整天，想到的是中国从贫穷到富强之路。

　　145年前的12月23日，李鸿章写了《试办招商轮船折》，上奏清廷。三天后，同治皇帝准奏，标志着中国近代公司制企业的诞生。

　　在李鸿章等洋务派看来，"中国积弱由于患贫"，"我朝处数千年未有之奇局，自应建数千年未有之奇业"，"欲自强必先裕饷，欲浚饷源，莫如振商务"。而要兴办商务，就要"言利求富"，"必先富而后能强"，"尤必富在民生，而国本乃可益固"。李鸿章特别指出："若既以言利斥为不可行，将百事皆废矣。"

　　中国历史上有一种很荒唐的现象，就是皇上享尽四海，大臣多有贪污，可一旦要兴商，要言利，要富民，就会被看成不伦不类。即使李鸿章意识到"富在民生"的重要性，也还是采取"官督商办"，把官利看得远高于民利。他曾说："臣料数十年后，中国富农大贾，必有仿造洋机器制作以自求利益者，官法无从为之区处。"他担心民营资本做大后，自求利益，官法不知如何应付。李鸿章创办轮船招商局之前，凡是民间商人申请买轮船、办航运，他都坚决不准。

　　作为对比，我们来看美国。在李鸿章兴办洋务近百年前发表的《独立宣言》（1776年），把"生命权、自由权和追求幸福的权利"视为造物主赋予的"若干不可剥夺的权利"。1787年的《美国宪法》，用政治学家比尔德的评价来说，实质是一份经济文件，"它以如下概念为基础：财产的基本权利置于政府利益以及普罗大众的流行道德之前"。1789年，美国国会通过了宪法第四条修正案："人民的人身、住宅、文件和财产不受无理搜查和扣押的权利，不得侵犯。"

　　新大陆因何繁荣，旧帝国因何衰败？一个重要区别就是财产权能不能不被政府利益和流行观念随便侵犯。历史上的对照令人深思。

　　百年沧桑，斗转星移，20世纪70年代末，中国又到了"非改革不能图存"的时刻。这一次，改革开放，让"言利求富"变成中国主旋律。袁庚在中央支持下，在蛇口建立了第一个对外开放工业区。他说："把蛇口这两平方公里多一点的地方作为一个实验场所，看看什么叫有中国特色的社会主义，看看此路通不通"。[1]

贫穷不是社会主义，人们不再耻于言利，甚至说："时间就是金钱，效率就是生命。"

40年过去。新时代新起点，我们将向何处去？

毫无疑问，从贫穷到富强还是主旋律。中国人均GDP（国内生产总值）还只有发达国家的几分之一，发展还不充分，也不平衡。但显然，新时代不是过去的简单延伸，而意味着新的超越。

第一个超越，是从增长到发展。从不计成本、不顾代价的增长，转向更高质量、更有效率、更加公平、更可持续的发展。

第二个超越，是从他我到自我，建立更加成熟、更加独立、更加清晰、更加理智的自我意识。

关于第一个超越，我在《失去初心，我们可能什么都不是》[2]一文中，简述了美国从镀金时代到进步时代的历史。关于第二个超越，也先看看美国的情况。19世纪最后几十年，美国在加速工业化成为全球最大经济体的进程中，也出现了重新审视自己、重新定义自己、重新看待自己和世界关系的新思潮。

毕业于海军军官学校、当过海军学院院长的马汉，在1890年出版

---

① 见《经济观察报》2007年6月25日刊文《开放：1977—2077》。
② 见本书第135页。

了《海权论》。他认为，海上商业对国家财富及实力影响深远，海权不仅包括强大的海军，还包括商船队、海外殖民地和军事基地等。"海权论"反映了美国准备从内陆扩张转向海洋扩张的雄心。1898年美西战争后，美国逐步建起海外殖民体系，集陆上帝国与海上帝国于一身。到1908年西奥多·罗斯福总统卸任时，美国的海军实力已仅次于英国。

人类学家摩尔根，在1877年出版了《古代社会》。他将人类文化的进化分为蒙昧、野蛮、文明三个阶段，区分的标志则是生产技术和生产工具的发明。人类社会进步与生产技术发展相联系，摩尔根的这一观点显然呼应了美国源源不断的发明与创新。

哲学家威廉·詹姆士，在1907年出版了《实用主义》。他主张真理要通过结果来检验，"思想的真"不是一种静止的特性，而是"通过种种事件而被造成为真"。

诗人惠特曼在《草叶集》中把草叶这种最普遍、最具有生命力的东西看作美国的象征，并用自由诗的体例讴歌"民主的大地"——

> 那里没有奴隶，也没有奴隶的主人……
>
> 那里总统、市长、州长只是有报酬的受雇用人……
>
> 那里孩子们被教育着自己管理自己，并自己依靠自己……
>
> 那里事件总是平静地解决……
>
> 那里对心灵的探索受到鼓励
>
> ……

文学语言学家门肯，1919年主编出版了《美国语言》，宣布"英国本土的英语与美国人讲的英语，无论在遣词造句上、成语的含意与使用习惯上，乃至在通常谈话的语法结构方面，都存在着明显差别"，有人称之为美国语言的"独立宣言"。

历史学家特纳，1893年提出了"边疆假说"，认为一部美国史在很大程度上是对大西部的拓殖史。他写道："起初边疆是大西洋沿岸，真正说起来，它是欧洲的边疆。向西移动这个边疆才越来越成为美国的边疆……边疆不断地向西部推进就意味着逐渐离开欧洲的影响，逐渐增加美国独有的特点。"他说："在美国的开拓中，我们看到欧洲生活方式如何打进这个大陆，也看到美国如何改变和发展了这种生活方式，反过来又影响了欧洲。"

……

美国1776年独立，1787年通过宪法，1789年华盛顿成为其首任总统，但大半个世纪后，基于实力的壮大和在世界的崛起，美国才在精神上真正"脱英""脱欧"，形成了属于自己的比较完整的美国意识，从此开始以扩张性的姿态走向世界。浪漫主义散文家爱默生说："这里有新的土地、新的人、新的思想。我们要求有我们自己的工作、自己的法条和自己的宗教。"他断言，美国"对外国学识的漫长的学徒时期"即将告终，"千万民众绝不能永远靠外国宴席上的残羹剩菜来喂养"。

回顾这段美国历史，不难看出，一个大国在经济崛起之后，必定"为自己立法"，从使用他人的角度和语言来刻画自己，到用自己的体验和语言刻画自己。到这个时候，国家的头脑、灵魂才和已经强大起来的躯体真正对应。

中国正处在一个半世纪现代化的最壮丽的进程中，正走在新发展理念和新自我意识的道路上。

2013年，我写过《重新想象中国：现代性与主体性的交融》，提出中国既需要坚持"现代性"，也就是支撑和推动现代化进程的深层次价值理念，也需要保持"主体性"，也就是强调独立思考，运用自己的理智，展开能动性实践，构建自身和世界的关系。

与现代性相对立、相排斥的主体性，很容易走到唯我独尊的传统里，而不能体现出主体意识、不经自己消化咀嚼的现代性，很容易走到鹦鹉学舌、机械照搬的路径上。而无论现代性还是主体性的探索，都要以人的解放发展、能力的全面提高为依归，都要依靠物质世界和精神世界的勇敢实践来真实呈现。这和中国传统文化中以人为本、仁者爱人、道不远人的价值观也是高度吻合的。

当我站在招商蛇口的邮轮码头远眺大海，我突然意识到，天佑华夏，让中国的改革开放肇始于这个现代海洋文明与坚韧的大陆胸襟相汇合的地方，这是怎样一种神秘的启示啊！

中国理应有更为远大的前程，虽然她面对的挑战一点也不少。无论实现哪一种超越，都来不得半点懈怠和满足。

在改革开放40年之际，让我们听一下美国进步运动的代表人物、时任纽约州州长的西奥多·罗斯福在1899年一次演讲中，对中国的评价：

> 我们这一代人不必完成先辈所面临的那种任务[①]，但是，我们也有自己的任务，要是我们没能完成我们的任

---

① 指林肯总统维护联邦、解放奴隶的选择。

务，我们就要遭到不幸。我们决不能扮演中国的角色，要是我们重蹈中国的覆辙，自满自足，贪图自己疆域内的安宁享乐，渐渐地腐败堕落，对国外的事情毫无兴趣，沉溺于纸醉金迷之中，忘掉了奋发向上、苦干冒险的高尚生活，整天忙于满足我们肉体暂时的欲望，那么，毫无疑问，总有一天我们会突然发现中国今天已经发生的这一事实：畏惧战争、闭关锁国、贪图安宁享乐的民族在其他好战、爱冒险的民族的进攻面前是肯定要衰败的。

我想告诉诸位，我的同胞，我们国家呼唤的不是苟且偷安，而是艰苦奋斗。20世纪即将来临，列强命运风雨飘摇。如果我们袖手旁观，如果好吃懒做、苟且偷安，如果在命运的关键时刻临阵退缩、放弃自己所珍视的事物，那么，其他更勇猛、更强大的民族就会超越我们，赢得世界的统治权。因此，让我们直面人生苦难，坚定而有尊严地履行职责；言行举止不偏不倚；诚恳而勇敢，为了实现更高理想而埋头苦干。最重要的一点，不论精神上或肉体上的挫折，让我们不畏艰辛，纵横四海，通过艰苦卓绝的奋斗，最终真正实现民族伟业。

20世纪引领全球的美国梦，就是在类似这样的号召和奋斗中实现的。曾几何时，在美国人心目中，中国是一个警示性的负面样本。

历经几代人的浴血奋斗和自强不息，21世纪的中国梦，一个值得用灵魂拥抱的新时代，正越来越近。与此同时，她也在发出叩问：希望和梦想在你们肩上，你们究竟准备好了吗？

站在改革开放 40 年的路口

探寻中国企业的精神向度

站在改革开放40年的路口

这时候开始我要命令自己摆脱羁绊和想象中的界线／去我愿意去的地方，完全而绝对地成为我自己的主人／倾听他人，慎重地考虑他们说的话／逗留下来，搜索，接受，思考／温和地，但怀着不可否认的意志，自己解开束缚我的拘束。

——惠特曼

40年最重要的四个字：顺天应人

1978年，我10岁，2018年，我50岁。2018年这一年里最重要的工作就是从商业文明和企业家精神的角度，向我所经历的这个时代致敬。我访问了很多时代的见证者，也书写了中国企业家精神40年。

每个人都有对历史的评价权，无数人的感受就像无数斑斓的颜色，一点一滴，汇聚成大时代的图景。它和天空一样辽阔，和海洋一样幽深，和原野上燃烧的火焰一样热烈，和连绵不断的山脉一样凝重。它不是一种滋味，而是万千种滋味，让我们百感交集。

从哪里写起呢？就从几个小故事开始吧。

第一个故事：裁员与工资清算

我要说的第一个故事，是总部在深圳蛇口的中国国际海运集装箱（集团）股份有限公司（下称"中集"）总裁麦伯良告诉我的。他是1977年恢复高考后的第一批大学生，从华南工学院（今天的华南理工大学）毕业后，分到蛇口工业区，再下分到中国最早的合资企业之一中集担任技术员。

麦伯良很有能力，性格豪爽，没两年就建立起了自己的威信。他特别能和普通工人打成一片，工人们常帮他维修来自德国的二手机器。工人和资方关系紧张时，资方就让他出面，几瓶啤酒下肚，原来解决不了的摩擦就会消停下来。

1986年春天，因为外方的经营管理模式不适应市场要求，亏损严重。中集决定停产，并将员工从330人裁员到59人。这大概是特区首例大裁员。中集是中外合资企业试点，员工都是从各地的国有企业调过来的，是正式的产业工人，不像有土地的农民工，万一企业不行了还可以回到土地上。当时26岁的麦伯良是生产技术部经理。也许是因为他和工人关系好，公司让他作为清算代表处理裁员事务。那是他永远难忘的一天，小小的办公室内外，前前后后挤了100多号工人，再不是修设备、喝啤酒了，而是清算工资。

"平时称兄道弟，从来没翻过脸、吵过架，那天突然成了对立面，为清算的金额讨价还价。他们觉得不公平，吵得一塌糊涂，过去最帮我的几个好弟兄也不帮我了。"

麦伯良忙了一天，把每个人该分的钱分到位，再安抚一番，总算处理完毕。他回忆说："那时我并不懂企业管理，也不懂经济学，而是在实际工作中发现了最普遍的人性。大家为分配争吵，不是人不好，觉悟不高，因为人的本性就是利己的，谁都在乎自己的切身利益。这不是书上能教你的，不亲自经历也很难体会到，但那一天，我真的明白了，你无法让大多数人牺牲个人利益，去成就企业的、国家的、民族的利益。相反，满足个人的'利己'需求，设计一个'君子爱财取之有道'的机制，大家才能抱团打天下，'革命加拼命'，共同奔事业。"

在中集后来一步步成为多个细分领域的世界冠军的道路上，共同事业、利益贴身的激励和约束机制发挥了重要作用。中集的董事会给管理层下达经营指标，在超过目标的利润中有一定比例的分享权，完不成任务则处罚。管理层再向下分解，只要绩效优于预定目标——无论是增收、增利还是节约成本——都可以获得利益的分享。

第二个故事：4分钱的风波

在蛇口的改革开放博物馆，我看到一张"蛇口创举"图，上面列着蛇口创造的"11个第一"，其中有"第一次推行定额超产奖"。这是我想讲的第二个故事。

1979年夏天，一声炮响，中国第一个对外开放的工业区——蛇口工业区动工建设了。第一批基础设施中有个顺岸码头工程，由于沿用集体劳动、平均分配原则，工人缺乏积极性，进度不理想。每天8小时工作，每人只能运二三十车泥土。作为施工方的交通部四航局想了个办法，规定每人每天的定额为54车泥，在定额之内，每车泥奖励2分钱；超过定额，每车泥奖励4分钱。工人的劳动热情迅速被激发出来，一般人每天能运八九十车泥，最多的一天运了131车泥。

同样的人，制度变了，精神面貌就变了。工人们提前来上班，下班还要干，车队长要催促他们下班。下班后，他们又主动检查车辆，怕出什么问题影响第二天的运输。有的司机为了多拉车，甚至少喝水，这样可以少上厕所。机械队把工人的工作量贴在墙上，更引发了大家的比赛。那个一天拉了131车泥的司机，单日奖金就有4.16元，一个月下来，奖金有100多元，远超工业区的中层干部。工人收入提高了很多，但全部奖金加在一起，其实还不到施工承包方多创造出来的产值的百分之十。四航局局志记载："工程自1979年6月24日进场，于1980年2月25日提前33天完成，创造了特区港口建设的奇迹。"

然而，这样的奖励制度和当时的有关规定——职工每人每年奖金不得超过一个半月到两个月的工资额——是冲突的。1980年4月，工地接到上级指示：立即停止奖励制度。工业区负责人袁庚急了，请新华社记者写了一篇内参，向上反映工业区码头工程停止实行超产奖，造成工期延误。一天后，胡耀邦和谷牧就做了批示。

我在博物馆看到了批示的内容。胡耀邦于7月30日批示："我记得中央讨论奖金时，中央并没有那位（注：哪位）同志同意奖金额不得超过一个半月到两个月工资额的规定。……为什么国家劳动总局能这么办，交通部也这么积极。看来我们有些部门并不搞真正的改革，而仍然靠作规定发号施令过日子。这怎么搞四个现代化呢？"谷牧同日批示："既实行特殊政策，交通部、劳动局这些规定在蛇口就完全可以不实行。"国务院进出口管理委员会当即把批示精神用电话通知了广东，8月1日，工业区恢复超产奖励。8月8日，时任国务院进出口管理委员会副主任江泽民率工作组到蛇口工业区检查工作，说工业区的工资福利问题可以和内地不一样，可以冲破内地的框框。①

沿用了几十年的平均主义"大锅饭"的工资体制，就是这样被打破的。当时有人指责蛇口"搞物质刺激"，但没几年，各地都被"刺激"起来，"多劳多得，少劳少得，不劳不得"成了最流行的口号。最早在蛇口引入的上班打卡制度——中集是迟到一分钟扣五毛钱工资——也慢慢推广到各地。认真劳动的热潮带来了生产力的极大发展。

---

① 见新华社《国内动态清样》第20687号。

人不是天使，也不是恶魔，是一种很奇特的动物，好逸恶劳也是人的本性之一。好的机制就是能调动人的积极性、减少人的慵懒性的制度。

第三个故事："砍头生意有人做"

我要讲的第三个故事，是"爱拼才会赢"的福建侨乡——晋江石狮在改革开放前的故事。

石狮人向来有经商做买卖的传统，任何时候也改不了。1974年，陈永贵到晋江视察。他乘坐的车子经过石狮时，看到一团团小商小贩挤在农贸市场上交易，交通也受到影响。陈永贵很不高兴："这是资本主义挡住了社会主义的路。"

后来，在一部内部放映的专题片《铁证如山》里，石狮被这样声讨："石狮的资本主义小摊小点有993个，日成交额达60万元！这里乌七八糟，臭气冲天！""自由买卖是资本主义，你们自由买卖了，你们是资本主义；烧香拜佛是封建主义，你们烧了拜了，你们是封建主义。"

帽子很大，罪名很大，但石狮人因此放弃了自由买卖吗？在《中国狮：一座城市崛起的30年记忆》一书中，我看到了两个石狮人的例子[①]：

20世纪70年代，石狮一个生产大队的女支部委员利用收完早稻后的一小块秋闲田，种了几百株荸荠，但支部领导认为她的荸荠属于"小自由"性质，责令她带头下田，当着"割资本主义专业队"的面

---

① 屈波：《中国狮：一座城市崛起的30年记忆》中信出版社2008年版，第12—14页。

将荸荠踩死。她含泪一边踩一边反复说："踩死你这个资本主义！"但荸荠是依靠根部的球茎生长的，"踩死"不几天叶子又重新长出来，她破涕为笑："我的资本主义荸荠还真踩不死啊！"

还有一个更"惊心动魄"的例子。"文革"期间，石狮人看到国营工厂加班也来不及供应领袖像章，就自己画纪念章图案，印出模子，砸烂家里的铝锅弄成原始的模具，用废弃的针筒吸上颜料再喷上去。看到像章能挣钱，石狮竟然冒出30多家小工厂，四处收集废铜烂铁，铝片成了最紧俏的物资，围绕像章形成了产业链。像章生产出来，怎么对外销售呢？一个胆大妄为的年轻人是这样做的——他大量搜集像章，装了十几个木头箱子，钉得死死的，运上火车。车一开，他就把一条事先准备好的毛巾搭在胸前，毛巾上别了一溜做工精美的像章。他在车厢里来回走，一看到解放军战士就跟他们唠嗑，看到战士被像章吸引就主动送一个，很快就跟他们混熟了。等下车时，战士们看到他吃力地搬箱子，纷纷过来帮忙，一人帮着扛一箱子就出去了，车站管理员以为是军用物资，统统放行。

"亏本生意没人做，砍头生意有人做。"这是晋江人说的一句话。为了过上好生活，他们敢冒天下之大不韪，无论什么样的政治运动也无法真正瓦解他们对挣钱的渴望。1977年，石狮镇4000户人家，就有上千家小摊贩。改革开放后，在石狮那潮湿的石板一条街和乌压压的大棚里，从丝袜、旧衣服、风油精到邓丽君录音磁带等各种香港货，应有尽有。石狮一度有"小香港"之称，"有街无处不经商，铺天盖地万式装"。作家蒋子龙曾这样描写20世纪80年代的石狮："一个陌生人陷入其中，便很难再钻得出这由色彩和布匹构成的迷魂阵了，满眼都是衣服，从地面直挂到屋顶，花花绿绿，无奇不有。从全国各地来的服装贩子，肩上背着硕大的口袋，如鱼得水般地在衣服堆里往来穿梭，寻寻觅觅。"

改革是中国的第二次革命，顺乎天而应乎人

讲完这三个让我深受触动的故事，我想表达什么道理，应该很清楚了。这样的故事，不仅发生在20世纪七八十年代的广东、福建，也发生在中国其他的城市和乡村，只是时间有先有后，力度有深有浅。

出生在改革开放年代的人们，越年轻的，对以前的历史越缺乏记忆。虽然这不过是40多年前的事，但对于当下的年轻人来说，似乎今天的生活，原本就是如此。

在蛇口的博物馆里，我看到原广州军区守备第六团政治处主任卓基旭用这样一段民谣描述改革开放前宝安、蛇口一带的情况："宝安只有三件宝，苍蝇、蚊子、沙井蚝。十屋九空逃香港，家里只剩老和小。"

60年代，有关部门发过一个材料，叫《人间地狱——香港》。《人民日报》的记者奉命到宝安了解群众逃港问题，办了一张过境工作证，随逃港群众到了九龙，才发现这里并非"地狱"。有逃港者哭着对他说："我们也是党员啊，对不起党，对不起祖国，给社会主义丢了人，可我们实在没办法啊！"

1978年习仲勋同志担任广东省主要领导人后，亲身感受到群众对提高生活水平的渴望，意识到光靠严防死守不可能有效地遏制偷渡，向中央提出在深圳设立经济特区的想法。在广东负责筹办特区、曾兼任深圳市委第一书记的吴南生说，在特区条例公布后的几天，成千上万藏在梧桐山的大石后、树林中准备逃港的人群，完全消失了。不久，许多逃到香港的人又回来了。

我在博物馆里，也看到习仲勋在深圳特区成立十周年接受访谈时说的话："千言万语说得再多，都是没用的，把人民生活水平搞上去，才是唯一的办法。不然，人民只会用脚投票。"

1985年3月28日，邓小平在会见日本客人时提出："现在我们正在做的改革这件事是够大胆的。但是，如果我们不这样做，前进就困难了。改革是中国的第二次革命。这是一件很重要的必须做的事，尽管是有风险的事。"

他还说过："改革的性质同过去的革命一样，也是为了扫除发展社会生产力的障碍，使中国摆脱贫穷落后的状态。从这个意义上说，改革也可以叫革命性的变革。"

很多人往往把"革命"和一个阶级用暴力推翻另一个阶级联系起来，但对革命的真义，我们也许可以从最早的《周易·革卦·象传》中得到启发，就是"天地革而四时成，汤武革命，顺乎天而应乎人"。

什么是"顺乎天而应乎人"呢？《尚书》中说，"民之所欲，天必从之""天视自我民视，天听自我民听"，上天所见来自百姓所见，上天所闻来自百姓所闻，民意即天意。

改革开放是从正视人性、顺从民意开始的，在这个基础上提高，进步，规范，超越。与其说是观念改变世界，不如说是人性驱动世界，合乎人性的观念、理论、主义，才是促进中国富强繁荣的真正的力量。

改革开放40年，最重要的四个字是什么？我想到的答案是：顺天应人。

2018：中国的营商环境升级年

2018年中国企业家的第一声呼吁——毛振华就亚布力滑雪旅游度假区所受不公平待遇对亚布力管委会的视频投诉，在48小时内得到黑龙江省委省政府的回应。省委省政府的联合调查组批评管委会负责人缺乏法律法规意识，批评管委会下属机构、有关人员对企业经营活动进行不正当干预，决定对管委会负责人给予处分，由管委会向滑雪旅游度假区道歉。

毛振华是"92派"企业家的代表之一。他创立的"中诚信"①是中国债信市场的权威评价机构。2012年中诚信创立20年，他向母校武汉大学捐赠了5000万元。

因为一直走正道，声誉好，所以毛振华的"雪地陈情"得到企业家群体的一致支持。其实，2017年2月在"亚布力中国企业家论坛第十七届年会"上，毛振华就呼吁说，民营企业选择走出去，一个很大

---

① 中国诚信信用管理有限公司（简称"中诚信"）始创于1992年10月8日，经中国人民银行总行批准成立，是中国第一家全国性的从事信用评级、金融证券咨询和信息服务、征信服务、市场调研等业务的股份制非银行金融机构。

因素是民营企业家的人身安全、财产安全遇到了挑战，"很多地方理直气壮地剥夺民营企业"。当时他可能没想到，几个月之后，他也被政企不分的管委会缠上了。

毛振华在亚布力的三分多钟视频呼吁，已成为中国进一步改进营商环境的镜鉴与鞭策。

国家层面：激发活力越来越依赖制度竞争力

十九大报告提出，经济体制改革必须以完善产权制度和要素市场化配置为重点，实现产权有效激励、要素自由流动、价格反应灵活、竞争公平有序、企业优胜劣汰；清理废除妨碍统一市场和公平竞争的各种规定和做法，支持民营企业发展，激发各类市场主体活力。

从2014年至今，几乎每年的国务院第一次常务会议，都在部署改善营商环境，将制度环境的优化作为释放企业活力的基础。

2014年提出，公开国务院各部门全部行政审批事项清单，逐步做到审批清单之外的事项，均由市场主体依法自行决定；

2015年提出，要促进行政权力法治化，防止权力寻租，营造便利创业创新的营商环境；

2016年提出，要进一步营造稳定、透明、可预期的办事创业环境，切实降低企业制度性交易成本；

2018年1月3日部署进一步优化营商环境，指出优化营商环境就是解放生产力、提高综合竞争力。具体来说，一要简政减税减费，二要严格依法平等保护各类产权，三要借鉴国际经验，抓紧建立营商环境评价机制。

毛振华的呼吁说明了什么？

毛振华的呼吁说明，尽管国家层面高度重视营造企业家健康成长环境，但现实中还有不少地方不是"放管服"，而是"管卡压"；不是当好"店小二"，而是频频"踩住市场的手"；不是按合同办事，而是按长官意志办事。

客观地说，中国营商环境总体上在不断改善。根据世界银行《2018年营商环境报告》[①]，中国得分为65.29，排名78位，高于东亚及太平洋地区的平均分（60.76），高于印度（62.70），但与排名前列的国家，如新西兰（86.55）、新加坡（85.57）、丹麦（84.06）、韩国（83.92）、美国（82.54）、英国（82.16）相比，还有相当大的差距。

中国营商环境的一个突出特点是各个区域发展水平的不平衡。

中国发达地区的营商环境正在靠近世界水平。以咨询公司科尔尼发布的2017年全球城市指数排行为例，前20名入围城市中，香港、北京和上海分别位列第5、第9和19位。成都从前一年的96位上升到87位，武汉从107位上升到100位。在全球潜力城市指数排行中，广州从78位上升到56位，杭州从69位上升到60位。

科尔尼的全球城市和全球潜力城市排行，涵盖了全球128个领先城市和具有影响力的城市。全球城市指数分五大维度27个衡量标准，五大维度是商业活动、人力资本、信息交换、文化体验和政治参与；

---

① 《2018年营商环境报告》（*Doing Business 2018*）。该报告对190多个经济体以及所选地方城市的营商法规及其执行情况进行客观评估。数据搜集止于2017年6月1日，满分100分。

潜力城市排行基于四个维度13个标准，四个维度是：居民幸福感、经济发展、创新与治理。2017年，两个排行有一个共同的衡量指标，就是"创业生态投资环境"，而且这一标准将越来越重要，因为它关系到城市未来有没有活力和竞争力。

领先的创业生态环境主要由什么因素构成呢？研究指出，有四个关键因素，即创新合作伙伴、人才资源、当地扶持政策以及良好的基础设施配套。

中国正在从全球最大的新兴经济体向全球领先的经济体转型升级。新兴经济体的竞争力，很大程度上来自于成本优势、人口红利、高储蓄和高投资，领先经济体的竞争力，很大程度上来自于效率优势、创新红利和长期内可预期的法治环境。中国要实现2020、2035、2050年的三个奋斗目标，必须通过全面提升制度竞争力，才能进一步激发全社会的活力和创造力。

区域层面：制度竞争力水平已经出现"二元结构"

在发达地区营商环境不断追赶世界水平的时候，中国还有不少地方的营商环境长期没有根本改善，甚至被锁定在一种"前现代"的状态。当发达地区努力做到对企业"有求必应，无事不扰"的时候，在不少地方，对企业烦苛无度、随意干预还时常发生。由于"制度税"的高企，这些地方被企业家视为畏途，被投资者视为禁区，由此陷入恶性循环。

一个鲜明的对比是，中国越发达的地区，越觉得自己的营商环境还不够好，还要大力改善。而一些不发达的地方，虽然口头上也"亲商""护商"，但实际中并没有真正重视起来，给企业带来不便的现象时有发生。

我们来看看浙江和上海在改善营商环境方面的一些动作。

浙江2018年第一个大会是全省全面深化改革大会。省委书记车俊强调大力推进"最多跑一次"改革，加快建设"审批事项最少、办事效率最高、政务环境最优、群众和企业获得感最强"的省份。

浙江的环境一直不错，"四张清单一张网"（行政权力清单、政府责任清单、投资负面清单、财政专项资金管理清单、政务服务网）闻名全国，其实质是使行政权力去模糊化，去随意性，让政府规规矩矩用权，明明白白花钱，用政府权力的"减法"换取市场与民间活力的"加法"。但群众和企业还有不少不满意和痛点，因此近两年政府开始"最多跑一次"的改革。群众办什么事烦、办什么事难，就把什么列入改革范围，群众和企业办事涉及哪里，改革就延伸覆盖到哪里。"最多跑一次"改革不仅要实现省市县乡村五级全覆盖，还要从政府机关向涉政中介机构、各类公共服务机构延伸，提高全社会运行效率和服务质量。

浙江营商环境很方便，但省委省政府说要"打造移动办事最方便省份"。浙江创业门槛已经很低，但省委省政府要求加快推进工商登记全程电子化，进一步降低市场准入门槛。要减事项，让不需要跑腿的事项全部不用跑；要减次数，能少则少；要减材料，能简则简，只要是企业和群众已经提供过的材料，原则上都通过政府内部数据共享获取，不再另行提供；要减时间，能快则快，让企业和群众用最短时间办成事。

上海的营商环境在中国名列前茅。上海市财政局数据显示，2017年上海非税收入占地方一般公共预算收入的比重为11.5%，远低于全国各省市的平均水平（24.1%），自2015年以来连续3年低于全国平均水平10个百分点以上。所谓非税收入，是指除税收以外，由各级国家机关、事业单位、代行政府职能的社会团体及其他组织依法利用国家权力、政府信誉、国有资源（资产）所有者权益等取得的各项收入，具体包括行政事业性收费收入、政府性基金收入、罚没收入、国有资源（资产）有偿使用收入、国有资本收益等。发达国家税费结构中，费的比重一般比较少，上海的目标是成为"行政效率最高、行政透明度最高、行政收费最少的地区之一"。

像上海、浙江、广东、江苏这样的地方，政府主要考虑的是如何营造好的环境，让万木葱茏，一片生机。而在有些地方，基层政府还是没有充分意识到这一点，没有一个好的环境，哪里会有经济的繁荣呢。

制度的背后是产权

站在2018年这个新的起点上，我们看到从国家到地方，包括毛振华矛头所向的黑龙江，在改善营商环境的大方向上是高度一致的。对未来，我们当有更多信心。

2018年1月2日，最高人民法院研究室负责人就《最高人民法院关于充分发挥审判职能作用为企业家创新创业营造良好法治环境的通知》（以下简称《通知》）答记者问，指出《通知》的出台将进一步提高全国各级法院依法维护企业家合法权益的水平，增强企业家人身及财产财富安全感，使企业家安心经营、放心投资、专心创业。《通知》要求坚决防止利用刑事手段干预经济纠纷，依法保护企业家人身财产权利。对企业家反映突出的三大问题——某些地方政府违约，融资难、融资成本高，知识产权侵权成本低、企业家维权成本高，《通知》都做了明确要求。

纠正一起错案胜过制定一打文件，因为人们更相信真实的体验而非书面的诺言。2017年年底，最高人民法院甄别纠正工作小组，决定对原审被告人张文中诈骗、单位行贿、挪用资金案，李美兰与陈家荣、许荣华确认股权转让协议无效纠纷案等重大涉产权案件启动再审。

相比黑龙江政府对于毛振华个案的积极回应，我觉得最高人民法院的这些举措更能让企业家释怀。因为它标志着全面依法治国的方略和中央关于产权保护的意见，正在得到切实的落实。

10年前，秘鲁经济学家赫尔南多·德·索托[1]的《资本的秘密》曾流行一时，他的研究出发点是：历史上的所谓资本主义，为什么仿佛活在封闭的"钟罩"里，主要在欧美国家兴起，而在其他地方却停滞不前？

他的答案是：资本主义之所以蓬勃发展，不仅是因为资本、土地以及劳动力的结合，而且是因为资本与土地的产权都是清晰的，人们掌握了这种权利后，就可以在多种经济用途之间做出选择。资本的秘密就是一整套产权制度，"资产+所有权描述=资本"，让资产这个"实物"活动起来的起跑线是——法律表述、证书、契约等。

索托认为，如果不具有完备的财产法律制度，第一，无法保护私

---

[1] 赫尔南多·德·索托，秘鲁著名经济学家，秘鲁自由与民主学会主席。曾担任《关贸总协定》的经济学专家、铜输出国组织执行委员会主席、通用工程公司执行董事、瑞士银行组织顾问团负责人及秘鲁中央储备银行总裁。代表作有《资本的秘密》《另一条道路》等。

有资产；第二，资产无法转化成资本。而确定的产权体系，对经济能带来六个方面的正面效应：

1．确定资产的经济潜能。将僵化的资产通过有效的契约转变为活跃的资本。

2．将分散的信息纳入同一种制度。将分散、孤立的产权数据融入系统性、综合性的制度之中，使得资产潜力更易评估与交流，从而大大促进资本的产出。

3．责任和信用体系的建立。将产权信息融入系统而完备的法律体系之中，使个体从群体中分离出来，从而有助于建立明确的责任和信用体系。

4．使资产具有可交换性。明确的财产权体系和具有法律效应的产权表述能够避免在产权交接时对资产进行不必要的物理分割从而造成巨大损失，使资产能够产生较高的价值组合。

5．建立完备的、以个人信用体系为基础的人际网络。明确的产权体系之上是完备而明确的个人信息网络，资产与信用清清楚楚，因此资产的有效整合成为可能。欧美国家庞大的金融体系的建立也是仰仗于此。

6．保护交易。以信用为基础的人际网络使得基于所有权体系的交易得到实时追踪和保护，并且诞生了一大批与此相关的行业，诸如资产评估、保险、抵押经济、信托服务等，在保证交易安全性的基础上大大降低了交易成本。

显然，有竞争力的制度，就是能够更清晰地界定产权和更好地保护产权的制度。

经历了改革开放40年的实践，尊重和保护产权、让每个人有机会通过努力过上美好生活，这已成为我们不可动摇的基本共识。开放的市场经济就是人们创造美好生活的土壤。而在全面深化改革和依法治国的新时代，像索托在《资本的秘密》中所说的："现有的政治利益集团不愿意打破钟罩，引入竞争，因为这样他们的垄断收益将会减少甚至受损。"中国不会走上这样的歧途。通过反腐败、坚定不移走改革开放和现代化之路、追求法治化的市场经济，人民和企业家对未来的预期将更明确。

一个案例就是一个法治的细胞，就是法治的缩影。相信新一轮改革开放和制度现代化建设的春风，不仅能吹绿江南岸，也一定会吹过山海关，吹旺黑土地。

外资40年：接轨世界的中国步伐

1978年10月28日，细雨纷飞，83岁的松下幸之助在松下电器大阪茨木电视机厂大门外迎接邓小平。

邓小平参观了双画面电视机、高速传真机、汉字编排装置、录像机等产品生产线，并特别注意到了自动插件机。当时中国的家电产品生产，很多企业还靠工人手工操作，把一个个电子元件逐一焊接在集成电路板上。而松下是通过流水线上的精密器械，自动将元件插到电路板上，邓小平觉得这样的生产方式很进步。

松下服务员展示了一种新产品，微波炉。只需要几秒钟，一块烧卖就冒着热气出来了。邓小平拿起放到嘴里，松下的人很紧张，邓小平说了一句："味道不错。"

座谈时，邓小平对松下幸之助说，我们确实是抱着一种请教的态度同你们见面的，今后我们要搞现代化了，在自力更生的基础上，准备吸收外国的技术和资金。没有电子工业，现代化无法实现，因此我希望你们的电子工业到我们那儿去。

邓小平问："松下老先生，你能否为中国的现代化建设帮点忙？"

松下幸之助答："无论什么，我们都将全力相助。"

第二年，松下幸之助访华，与中国政府签订《技术协作第一号》协议，向上海灯泡厂提供黑白显像管成套设备，上海灯泡厂派人分批到日本学习考察。

正视外资与外企

今天回顾40年前的这个故事，可以看到改革开放之初中国领导人主动向外、求贤思进的诚恳态度。那个年代，无论是资金、技术还是管理、人才，中国都很缺乏，用邓小平的话来说："我们需要引进先进技术帮助我们提高，否则我们的现代化只能跟在别人屁股后面走。"

40年后，中国已经从以开放为动力，倒逼改革、融入世界，发展成世界经济增长的最强大动力。世界500强的外资企业几乎没有不在中国投资的。在中国市场上，当年的"外企神话"似乎也被BATJ（百度、阿里巴巴、腾讯和京东）和华为等企业的励志篇章所代替。中国对外投资的数量和增长速度也已超过了外商对中国的直接投资。

在中国强大和自信的背景下，外资对中国的贡献，被很多人淡忘了。外资特别是跨国公司，对提升整个中国经济的市场化、法治化，中国营商环境的便利化、国际化，企业管理的现代化、标准化，作用是很大的；外资对提升中国的技术水平、人才素质、制造能力、服务水准，促进政府规章制度以及行业标准与国际接轨，改善广大消费者福祉、创造美好生活，助力环保、教育等社会公益事业等等，也起着重要的作用。对中国的人的现代化和商业文明程度的提高，外资更是影响深远。

尽管外企不再是"神话"，有的外企在撤资、关厂、转移，一些大名鼎鼎的跨国公司在本土企业的竞争下也日渐式微，很难盈利。但总体上来说，在中国三大经济成分"国资、民资、外资"中，跨国公司与"高质量发展"的要求最为接近。如果你参观过跨国公司的研发中心和生产线，就会感到他们对本土企业仍有很大的示范性。努力发挥外企作用，应是新时代之需。2017年11月上海制造业外商投资大会发布的数据显示，上海运营中的外资企业，"以约占全市2%的企业数量，贡献了全市27%的GDP、规模以上企业60%的工业总产值、65%的进出口额和33%的税收总额，吸纳了超过20%的就业人数"。什么是高质量？从数据中可见一斑。

如何看待外企的贡献，未来外企该怎么办，中国该如何更好地利用外资？对此，我一直在思考，并通过小型研讨会方式，和十多位外企高管进行了交流。

我们的研讨发现，外企的类型并不一样。大致可分为两类，一类是西方跨国公司，一类是华商公司，比如郭台铭的富士康（富士康母公司鸿海集团位列2017年世界500强第27位）、郭氏家族的益海嘉里（世界500强第239位）、张忠谋领导的台积电（世界500强第369位）、谢国民的正大集团、魏氏兄弟的康师傅集团、李嘉诚的长和集团，还有新鸿基集团、恒隆集团，等等。

华商公司的成功，有西方职业管理的作用，但和华商的文化特质更息息相关。例如创始人有超常魅力和敬业精神，创始人在团队管理中讲求人情文化和大家庭文化，善处政商关系，等等。总之，创始人的魅力很重要，这让他能找到对的人并且管好他们。西方跨国公司喜欢通过猎头公司找高管，有一套体系化的标准。华商公司往往是老板从自己周围有来往的人里找高管，他们有的可能是长期打交道、清廉能干的政府官员，有的可能是做过生意、特别诚实可靠的合作伙伴。老板"相人"的功夫很深。

而总结那些在中国长治久安、保持生机的西方跨国公司的成功之道，关键是"本土化"——相信中国，长期经营，依靠本地人才。

从格林伯格的启示说起

我在采访和研讨中听不止一个人谈到格林伯格。

格林伯格是美国国际集团（AIG）原总裁兼首席执行官。1975年年初，他在地图上看到集团业务覆盖了全球很多地方，但在拥有大片国土的中国还是空白，于是他给中国人民保险公司写了一封信以寻求合作，很快就得到了积极的答复。AIG也成为首家与中国合作的美国保险机构，在中国开展再保险业务。

格林伯格很少喝酒，但在中国，他多次被"闻起来像空军一号的航空燃油、尝起来略好一点"的茅台灌醉。1989年，上海市市长国际企业家咨询会议创立，当时朱镕基是上海市市长，格林伯格则是会议首任主席，他到中国的次数越来越多，对相关的事务总是亲力亲为。他觉得"中国政府喜欢直接跟外企的头头打交道，派别人是不够格的"。

1992年8月，时任国务院总理李鹏访问纽约，中国驻美大使朱启祯为格林伯格争取到5分钟会面机会。他从瑞士飞回纽约，向李鹏保证说，人寿保险是一个长期业务，AIG至少10年内不会从中国拿走分红。"着眼长远"这句话打动了李鹏总理。1992年，AIG旗下的友邦保险和美亚产险在上海获得了营业执照。1993年，格林伯格捐款51.5

万美元，从法国私人收藏家手中购得颐和园佛香阁西侧铜亭宝云阁流失的10扇铜窗，无偿送还中国。中国加入WTO面临挫折时，他奔走于国会山，敦促美国政府给予中国永久性最惠国待遇，并尽快完成与中国的入世谈判。

格林伯格的经历的启示是，外资要想在中国做长久的生意，就要相信中国的政府和人民，并且和他们成为朋友。

百胜中国、欧莱雅、通用磨坊都是市场上的领导者。它们在中国是如此成功，有一个共同原因，就是中国的"一把手"在这个岗位上都干了十几二十年，建立了本地员工主导的团队，从研发到供应链、营销、政府沟通等方面都能充分响应中国需求。

百胜中国在1500个城市开设了八九千家餐厅，拥有中国市场上肯德基、必胜客和塔可贝尔三个品牌的独家运营和授权经营权，并完全拥有东方既白和小肥羊连锁餐厅。百胜中国从百胜全球分拆时，春华资本和蚂蚁金服出资4.6亿美元入股，百胜中国2016年11月1日在纽交所独立上市。

在百胜中国的历史上，有过一个叫苏敬轼的CEO。他1989年进入百胜中国，当时肯德基在大陆只有4家店，而当他2015年宣布退休时，单是肯德基就已经扩张到4000多家店，成为中国第一大餐饮连锁品牌。这个身高一米九的台湾人很了不起的一点是，在肯德基只有4家店时就说要把它做成中国乃至全世界最大的连锁餐厅。当其他外来品牌只在一二线城市开店时，他已经提出"下乡"战略，从而占据了最有利的位置。百胜中国的餐单上的品种，只有5%和国际市场一致，其余全部是根据中国消费者偏好确定的，包括油条和粥。百胜中国的数字化平台和外卖体系，更远远领先于百胜全球的任何一个地方。

百胜中国有9000名左右的餐厅经理，他们都持有限制性股票。2018年推出的"餐厅经理全家福健康关怀计划"，在已有的家人商业综合保险基础上，提供进一步的补充家庭保险，惠及数千名餐厅经理的子女、配偶与父母。所有这些，都是为了让餐厅经理拥有主人翁的感觉。百胜中国企业文化的一个核心就是"餐厅经理第一"。

欧莱雅1997年来到中国，现在是中国最大的化妆品集团。在这个过程中，有一个意大利人发挥了重要作用，他叫盖保罗（Paolo Gasparrini）。

1996年底，46岁的盖保罗到广州担任欧莱雅中国区总裁，当时欧莱雅只在香港有分公司，内地只在北京有一个十几平方米的兰蔻柜台。他和同伴在白天鹅酒店苦思冥想，把公司的法文名称翻译成欧莱雅，意思是"来自欧洲的优雅"。那时他就对员工说，要让中国成为欧莱雅最大的市场。

盖保罗从市场调研、建立供应链、政府沟通等方面的点点滴滴去熟悉中国。他善待中国员工，每年都会有好几次在家里做意大利面，带到公司和同事分享。他到管理人员家里看望他们的父母。圣诞节他会从意大利订购蛋糕和红酒，为员工送上祝福。2013年盖保罗不幸去世，在上海举行的追思会，原计划有500人到场，结果来了2000多人，从员工到供应商、经销商、形象代言人，都在缅怀这个"欧莱雅中国背后的男人"。

今天欧莱雅在中国针对本土市场研发的产品，有的已经热销到全球。而在新零售方面，欧莱雅将线上零售与线下零售无缝融合

（Online+Offline），也创造了全球领先的零售体验。

跨国企业的未来

跨国公司为中国的现代化和实现美好生活，做出了贡献。但今天他们面对的挑战同样是巨大的。

首先是本土企业的挑战。他们通过快速学习、建立更好的激励机制、更灵活地响应市场以及强大的金融支持，在市场上越战越勇。

其次是人才本土化的挑战。在中国的外企员工完全清楚中国市场和竞争情况，但最终在外企总部做出决策的人，对中国的看法和他们并不完全一致。这导致外企在中国的决策不够灵活和切实，也导致外企中国高管得到的激励开始明显落后于本土企业，尤其是新经济形势下的"独角兽"们。

最后是外交关系的挑战。无论是2005年SK-Ⅱ涉嫌含有腐蚀成分的危机，还是2008年因为北京奥运圣火传递在巴黎被破坏分子干扰导致家乐福在中国市场被抵制，以及日本汽车受到的中日关系波动的影响等，背后都是企业无法完全掌控的因素。一旦危机爆发，对外企业务带来的负面影响，团队怎么努力也是弥补不了的。

对跨国公司在华业务来说，一个可行的战略性选择，就是让更加本土化的中国管理团队拥有更大的话语权、决定权和分享权，比如将中国业务单独剥离，进行资本化改造，让职业经理人真正成为企业家。这将提振中国业务的价值，也能和政府与社会建立更有效的沟通与信任。

同时，还有另一个有价值的问题是，为什么跨国公司在全球别的市场的压力远远没有中国这么大？

麦肯锡全球董事陈有钢对此的看法是，因为中国处在创业代企业家精神最旺盛的时期；中国商业文化中，对于财富积累有强烈的冲动，特别拼命；互联网刚好来到中国，形成了世界别的地方无法匹敌的"互联网红利"，大大加快了知识的普及，创造了弯道超车的机会。所以跨国公司在中国备感本土企业的竞争压力。

中国市场太大，差异也大，转型、转轨、转变太复杂。它不仅"高增长"，而且"高变化"。而跨国公司更为习惯在一个预期稳定、竞争理性的环境里发展。

从积极的角度来看，中国市场大，好像是很多个不同发展水平的国家的聚合体；中国人口多，接受正规教育的人口基数非常大；再加上强烈的危机意识，追赶超越的意识，使得中国能够同时创造出多个"分工体系"，制造业可以做好，服务业可以做大，互联网应用可以做强。一个小国家，因为范围和人口的因素，无法同时在多个产业领域实现发展，因为没有那么多资源用于分工的深化和专业化。但是中国可以，中国可以在家电领域和日韩竞争，在机械制造领域和德国竞争，在互联网领域和美国竞争。即使同一个行业，比如家电，广东、山东、浙江都能发育起自己的供应链和价值链体系，支持多个品牌同时存在，竞争发展。

有想致富的愿望，有巨大的人口规模，有高储蓄高投资，社会稳定，还能对接全球最新的知识，再加上超级勤奋，这造就了中国奇迹——在多个领域同时发展，在不同行业同步发展，同时拥有多种比较优势，什么方面都"Can do！"这是经济史上非常独特的现象。

如果上述看法成立的话，那么在中国成功的关键就是大胆布局，快速推进，不断尝试，灵活响应，敢于变革，修正迭代。

　　未来还长，世界很大，如果外资、外企应新时代新时势变革创新，它们的明天将会有新的灿烂阳光。

中兴风波：创新中国的一场冷水浴

一个被赋予更多意义的事件

如同钢铁石油是工业时代的粮食，芯片是信息产业的粮食。没有它，从个人电脑、智能手机、数码消费产品到功能强大的服务器以及所有包含复杂计算的技术设备，都难以运转。

2017年全球芯片销售突破4000亿美元，中国芯片进口超过2600亿美元，需求量极大。但在供给侧，中国芯片自给率只有百分之十几，离"中国制造2025"提出的到2020年实现40%自给率、到2025年实现70%自给率目标尚远。同样是2017年，中国的4K电视机的产量占全球产量的40%以上、在智能手机方面这一数字达到了75%以上，而在电脑产业更是高达80%以上，但其中的芯片主要靠进口。在大部分高端芯片领域，中国基本还是空白。

2014年中国出台《国家集成电路产业发展推进纲要》，从集成电路设计、制造、封装测试、关键装备和材料四个方面做了具体规划。2015年成立了千亿人民币规模的集成电路产业投资基金。芯片产业被放到了中国经济"智慧转型"、支撑国家产业核心竞争力和保障信息安全的战略高度。

在此背景下，美国政府禁止美国企业向中兴通讯（下称"中兴"）直接或间接供应商品、软件或技术的封杀事件，显然会令中国举国关注。中兴事件是芯片产业问题面向大众的一次空前科普，而在中美贸易摩擦中，又必然会被赋予更多意义，引起更多争论。

在批评中兴的方向上，有人说中兴犯了低级错误，活该；有人说中兴就是不合规，而合规是任何公司参与全球竞争的本分；有人说中兴历年主要利润都靠政府补贴，没有核心技术能力；有人说中兴连这么重要的信息在财报中都不披露，所谓"重视投资者利益"形同虚设等等。

在另一方向上，有人说美国故意找茬，无视中兴的努力，有人说这是促进中国发扬"两弹一星"精神、自力更生的重大机遇，是中国高科技产业的成人礼。

中兴理当深刻反思。设想一家在中国的外企违反法令和与政府达成的协议而被处罚，估计没有谁会为其辩护。中兴的问题也带有类似的性质，其教训整个中国企业界都应吸取，尤其是走出去的中国企业。要成就世界品牌，前提就是在世界各地要做守法合规的表率。

一次代价巨大的教训

美国对中兴的处罚，不是没有依据。纵观事件全过程，中兴所犯错误，早在2017年3月已经被罚。当时中兴在得克萨斯州北区美国地方法院承认违反美国出口管制法律，缴纳了8.9亿美元罚金，与美国政府就出口管制调查案件达成和解。此外还有3亿美元罚金被暂缓，是否支付视乎未来7年中兴对协议的遵守情况。

2018年2月底，中兴发现了新问题。事情源于中兴首席出口管制合规官和外聘的律师事务所陆续收集到信息，显示中兴原定对某些员工的奖金扣减计划未及时执行。中兴高层得知情况后，一面让律师事务所开展调查，一面进行内部核实，并主动向美国政府相关部门和监察官报告，还对相关的在职和离职员工发出惩戒信，对扣减或追索2016年的奖金做了安排。

此后，中兴向美国商务部工业与安全局（BIS）进行了详细陈述，并附呈已采取措施的证明文件，请求给予外部律师事务所45天时间以完成相关调查。但4月15日，BIS就激活了拒绝令，以中兴在2016、2017年两封函件中存在虚假陈述为由，彻底封杀，为期7年，另加3亿美元罚款。

而经过两个月的谈判沟通后，美国商务部长罗斯在2018年6月7日宣布，与中国中兴通讯公司达成和解协议。根据这一协议，中兴公司支付10亿美元罚款，另外准备4亿美元交由第三方保管，用以防范任何未来可能出现的违规行为。此外，在7月8日前撤换所有中兴和中兴康讯（中兴集团旗下子公司）董事会成员，并在8月7日前组建特别合规委员会；在7月8日前解雇任何牵涉到违规出口事件中的管理层和高级职员，且不得续聘；在7月8日前自费聘任合规协调员，监督对出口条例的遵守情况，并平等向中兴公司总裁、董事会和BIS汇报。

硅谷芯片产业有半个多世纪历史，集纳了全世界最聪明的人才。我们现在的人才结构，远远做不到集聚全球人才。改革开放这几十年，中国主要实现了从"手工劳动"到"机械化"的工业革命，这是一种"宏观加工"，而最发达经济体实现了从"机械化"到"智能化"的新工业革命，这是一种"微观加工"，他们在像芯片这样的看不见的地方投注的资本和人力是巨大的、持续的。过去我们没有重资本投入能力，也没有成群结队的人才梯队。在这样的基础上，就算奋起直追，怎么能一蹴而就呢？

中国在应用型商业模式方面创新很多，阿里和腾讯已经可以对标亚马逊和脸书，最优秀人才都涌到了BAT这样的公司，但在原始技术创新方面，我们起步还不久，芯片领域远没有到出现巨人的时候。互联网不用谷歌、脸书可以，但芯片不用高通、英特尔、ARM、三星行吗？明明不行，还要渲染中国芯片产业的强大，这一切自然会加剧美国对中国高科技产业的焦虑。

这种焦虑从奥巴马时代就开始了，在特朗普时代更甚。美国对中国不仅焦虑，还有失望和不满，比如政府对国企的补贴问题，知识产权保护问题，强制性技术转让问题，合资问题等等。所有这些搅在一起，成为在处理中美商业问题时的决策与情绪的背景。

如西门子和宝武集团共同开发智能制造领域的技术解决方案，共享专利这样的做法，企业明智的策略是承认差距，加强合作，共谋发展，共享市场。

挡住未来的只有自己

中国芯片产业的发展，可能要经历一段持久战，但注定会有光明未来。

中国是世界芯片第一消费大国，这种消费过去支撑了发达国家芯片产业的发展，如高通2017财年223亿美元收入的65%来自中国，博通

2017年收入的54%来自中国。未来，庞大的市场也将支撑中国的芯片产业发展。

目前在设计领域，华为海思和紫光展锐都是排名世界前十的公司，且增速最快。面板领域的京东方，存储领域的长江存储，相变存储器领域的中科院上海微系统所，AI领域的寒武纪，超级计算机领域的申威26010，都生气勃勃。

在封测领域，长电科技、通富微电、华天科技进步飞快。

在设备领域，长春光机所基于"极紫外光刻关键技术研究"成果的光刻机有望圆中国芯片之梦，中微和中晟在MOCVD（有机金属化学气相沉积）方面不断削弱国外产品的份额。

在材料领域，江丰科技生产出高纯度溅射金属靶材，安集微电子研发出自主产权的研磨液，中科院深圳先进技术研究院突破了高导热聚合物基和超高导热碳基界面材料制备的关键技术，黄河水电新能源分公司推出了国产高纯电子级多晶硅。

在制造领域，中芯国际和上海华虹也在努力向前迈进。

无论是设计、制造、封测、关键装备和材料，中国都在崛起。这是系统性的。尽管在很多原材料和高端设备（如高端光刻机、离子注入机、涂胶显影机）领域中国还没有占据优势，但相信时间会是中国的朋友。

三星在存储领域占绝对优势。我问长江存储的一位管理者："赶上去要不要20年？"他说："10年应该就差不多了。"

缺芯少屏是中国之痛。但是到2035年成为芯片强国，应该不是梦。但这里还需要一些条件：

1．和发达经济体的芯片产业不是隔绝，而是开放融合；

2．尽最大可能通过合作借鉴、吸收最先进的经验、技术，包括人才；

3．创造更好的投资环境，以开放和有吸引力的政策吸引全球芯片人才；

4．不短视，不取巧，真正用基础科研引领产业发展；

5．坚持走市场化道路，发挥企业家精神和科学家精神；

6．遵守市场规则，维护知识产权，建立高度诚信，革新思维模式。

芯片是试错成本超高的领域（错了以后难以查找原因，必须一次做对），要在这个领域胜出，随便试试、不行再改的机会主义习惯必须被摒弃，从一开始就得高度重视规则、规范和逻辑思维。芯片产业是规则严密、逻辑一以贯之的产业，它对于我们偏于灵活、弹性、随意的思维模式也构成了挑战。

1985年成立的中兴通讯今年33岁。中兴事件是不光彩的一页，但中兴发展的主基调依然是奋斗与成长，虽然其中也夹杂着扭曲、无奈与错误。商场就是今天的战场，中兴可以历33年而不倒，自有一种支撑它生存下去的力量。

高质量发展的年代，对所有企业在商业文明方面都提出了更高的要求。我不愿意说中兴事件是中国高科技产业的成人礼，因为每个人都有自己的成人礼，不应为别人所捆绑。而且我们究竟能不能痛定思痛，真正合规、创新，至少还需要几年去观察。

我更愿意说，这是创新中国的一场冷水浴，浇醒我们，锻炼我们。这样的教训早晚会来，偶然中有必然。早醒，早起，早跑，持之以恒。

希望中兴重新爬起，不辜负在这个时代艰辛走过的33年。苦涩，绝望，不倒，继续向前，挡住未来的只有自己。

也许会有那么一天，人们说，2018年的中国，有过一场芯片强国梦的觉醒，是和中兴的青春祭连在一起的。

中美贸易摩擦（一）：不怕打仗，但要算好大账

随着特朗普签署总统备忘录，宣布将对从中国进口的600亿美元的商品大规模征收关税，开出历任美国总统都不曾开出的最大一笔贸易罚单，中美贸易战一触即发，全球股市用大面积急速跳水作为对未来不确定性的反应。

大家都在算账

自从前方媒体传来贸易战的消息后，各方都在评估和猜想，算各种各样的账。

算法比较激烈的说，这可能是一场史诗级贸易战、制度战、两种文明之战、意识形态战、体制战、旧霸权与新力量之战、新冷战、遏制战、围堵战、零和游戏战，等等。

反应相对平静的认为，这就是一场贸易争端，且目前并未失控。从特朗普签署备忘录前的讲话看，他谈的是生意而不是其他，生意总是你来我往，先漫天要价再逐步妥协，谈上几个回合，慢慢消停。双方都经不起把贸易战当成杠杆，撬动全面对抗，导致关系雪崩，世界

也承受不起。

特朗普是个商人，他肯定算过账。他要替美国国内的全球化受损者出气，那些从倒闭的工厂中走出的失业者是他选票的重要来源；他要替共和党内的建制派说话，这些人长期对中国的人权和制度不满，需要一个发泄口；他还要转移由于脸书用户数据泄露激起的对"通俄门"的注意力。最后，作为总统，美国逆差的一半源自中国，如果不能有所作为，缩小逆差，加速投资和就业回流，就完全不符合他竞选时的纲领。

美国在给中国算账：你们每年有几千亿美元顺差，历史上从未有过；你们对制成品征收的关税都高于美国，再加17%的进口环节增值税，税率远高于美国；你们的知识产权有严重问题；你们没有很好遵循2001年加入世界贸易组织时的很多承诺。所以，我们很可能向你们的信息技术、机器人、高铁、新能源汽车等支柱产业加税施压。

中国也在给美国算账：我们廉价的商品帮你们省钱，避免通胀；你们商品贸易逆差，服务贸易却有很大顺差；贸易逆差不等于利益逆差，我们大量顺差来自外企，如果利润在未来汇出，我们反而会产生资本项下的很大逆差；你们要提高来自中国的原材料和中间品的关税，会增加你们很多产业的成本，降低竞争力，等于"搬起石头砸自己的脚"。

我也在算账。一笔是美国历史的账，看美国的关税政策是怎样演化的；一笔是中国的账，特别是"外账"后面的"内账"。算完账，我的观点也就出来了。

美国历史上长期采取关税保护主义

美国建国至今，在贸易领域绝大部分时间都奉行保护主义。主张自由贸易，主要是第二次世界大战之后。美国的政策选择，主要看是否符合自己的利益最大化。

美国立国之初有过一场"杰汉之争"，发生在主张农业立国的国务卿杰斐逊和主张工商立国的财政部长汉密尔顿之间。杰斐逊主张自由贸易，认为各国应互通有无，"解除使商业陷入困境的条例、关税禁令及一切管束"。但他之所以坚持自由贸易，根本原因是为了农场主们的利益。若农业国实行"禁运"，中断对工业国的"原产品"供应，会成为对付工业国的一种有力武器，虽然同时也会对美国带来一定影响。

汉密尔顿主张发展制造业，因为制造业能带来比农业更复杂的分工和更高的效率。为了保护新兴工业发展，他主张对进口制造品征收"保护性关税"，对本国的原料生产和加工工业给予直接的财政补偿。最重要的是保护关税制度，它一方面可以阻止外国产品的大量输入，另一方面又可利用征收来的税款奖励国内制造业，一举两得。

汉密尔顿代表的是工商业利益。1785年4月，波士顿商人和工匠召开联合会议，强烈要求限制进口、阻止贵金属外流和保护制造业。同月在费城，市镇代表大会决定："应该通过绝对禁止进口或通过征收充足的关税，打击与邦联制造业品相竞争的外国制造业品的进口。"①

---

① "Resolution of the Citizens of Philadelphia", *The Boston Independent*,July 14,1785.

当时美国工商业的保护主义流行，也有一个重要外因，就是英国的重商主义和商业垄断的压迫。国父之一的约翰·亚当斯有句名言："必须以商业垄断驱逐商业垄断，以禁止政策回击禁止政策。"[1]麦迪逊表示，尽管本人希望实行"完全自由的商业体系"，但"面对外国针对美国商船、水手施加的障碍和歧视"，美国"必须遏制、抵制这种歧视"，"采取报复性贸易规则乃唯一选择"。[2]杰斐逊也提出："除非其他国家同样对美国实行自由贸易政策，否则美国必须同等地以限制性商业体系对待外国；美国应该通过征收保护性或禁止性关税，或禁止进口，或报复和反制外国针对美国的重商主义政策。"[3]

从建国起，报复性和反制性就是美国重商主义传统的一部分，也是一种为了"促进美国与外国缔结公平互惠的国际商业条约"的筹码。"互惠"（reciprocal）一词特朗普这次说了好几遍。互惠政策成为美国保护主义的工具，最典型的时期是1881～1885年切斯特·阿瑟总统任内，这位共和党总统决心使所有的谈判都是严格互惠和双边的，如果贸易伙伴歧视美国产品或者不向美国产品提供关税减让，那就取消给对方的任何单方面关税减让；而且所有互惠条约中插入附带的条款保证：关税减让将不给予其他国家，不论其地位如何，除非它们满足美国规定的特殊条件。[4]

---

[1] William Hill.*The First Stages of the Tariff Policy of the United States*. Publications of the American Economic Association,Vol.8,No.6(Nov,1893), p89.

[2] James Madison.*James Madison Writings*.NewYork:The Library of America,Literary Classics of the United States ,Inc.,1999. p37.

[3] William Hill.*The First Stages of the Tariff Policy of the United States*. p86.

[4] Carolyn Rhodes. *Reciprocity,U.S.Trade Policy,and the GATT Regime*. Ithaca:Cornell University Press,1993. p41.

	1789年 关税法	1804-1808 关税法	1812-1816年 关税法	1816年4月27 日关税法
棉制品	免关税	17.5%	35%	25%
玻璃制品	10%	22.5%	45%	20%
皮革制品	7.5%	17.5%	35%	30%
男式皮靴	50 美分 / 双	75 美分 / 双	1.50 美元 / 双	1.50 美元 / 双
柜橱器具	7.5%	15%	30%	30%
蜡烛	2 美分 / 磅	2 美分 / 磅	4 美分 / 磅	3 美分 / 磅
车厢	15%	22.5%	45%	30%
陶器	10%	17.5%	35%	20%
帽子	7.5%	17.5%	35%	30%
大麻制品	0.60 美元 / 磅	1.00 美元 / 磅	2 美元 / 磅	1.50 美元 / 磅
亚麻制品	5%	15%	30%	35%
钉	1 美分 / 磅	2 美分 / 磅	4 美分 / 磅	3 美分 / 磅
书写纸	7.5%	15%	30%	30%

表 1　1789-1816 年关税法税率比较表 [①]

　　表1是美国建国后几十年里一些产品关税的税率表，可以看到，关税一直在提高。1789年美国国会通过的第一部关税法的平均税率不超过8.5%，由于英国工业制成品大举进入，严重威胁新兴产业，在1816年定型的关税法中，大大提升了税率。这一趋势不断延续，如1890年的《麦金莱关税法》规定应税产品的平均税率为48.4%，1930年的《斯穆特-霍利关税法》将应税商品的平均关税率提高到55.3%。

　　在20世纪30年代之前，除了1913年威尔逊总统通过《安德伍德-西蒙斯关税法》将一般商品关税降低了10%，美国所有的关税法体现

---

① 郑铁桥，乐观：《美国早期历史上独特的重商主义思想》，《武汉大学学报（人文科学版）》2012年第2期。

的都是保护主义态度。威尔逊之所以亲自到国会演讲推动关税改革，是因为19世纪末20世纪初，美国工业产值已是世界第一，要更多地开拓海外市场了，威尔逊说，"现有的关税制度切断了我们与世界各国的联系"，"使联邦政府成为私人利益集团手中的便利工具"，因而必须改革。

二战后美国霸主地位离不开开放市场

美国浓厚的贸易保护主义一直到富兰克林·罗斯福总统和国务卿赫尔任内才终止。1934年的《互惠贸易协定法》是一个里程碑，再到1947年美国带头签署《关税贸易总协定》，标志着它从保护主义走向了自由贸易。这一转型，在一定程度上也是被逼无奈。

1930年的美国关税法让所有贸易伙伴国深受其害，比如瑞士出口到美国的钟表量一年内下降了48%。各国纷纷加强贸易壁垒，指向美国。瑞士政府和媒体号召对美国产品进行抵制；法国恢复对美国的进口配额制；西班牙和加拿大通过了新关税；英国1932年通过《进口税法》为本国工业建立全面保护制度，并和英国的自治领、印度等英殖民地签订《渥太华协定》，规定英国和其自治领之间实行自由贸易，但对从美国进口的全部产品施加高关税。由于英国的报复，免税进入英国的美国产品占美国出口的比重从1930年的70.5%降至1932年的20.5%。[①]

1930年美国关税法带来的恶果，是1933年世界贸易总量降低到1929年的70%左右，美国自身的出口额也从1929年的51.57亿美元降至

① 张德名：《从保护主义到自由贸易——略论20世纪三四十年代美国外贸政策的历史性变化》，《武汉大学学报（人文科学版）》，2003年第5期。

1932年的15.76亿美元，也接近70%。可见，让世界都受伤，自己的命运也好不到哪里。

第二次世界大战后，美国成为世界霸主，构建了贸易自由化、美元中心化的国际经济秩序。其霸主地位的获得，和打开市场、降低壁垒是分不开的。美国向全球输出秩序和对全球打开市场，是一枚硬币的两面。但一旦出现威胁，美国仍会向重商主义倾斜，如1971年宣布美元与黄金脱钩；1985年迫使日本签订《广场协定》，要求日本限制汽车出口和半导体出口数量，将一部分汽车工厂建在美国；1988年通过《综合贸易法案》，等等。

从美国关税演变的历史看，美国在成为世界经济领头羊之前，贸易保护色彩很浓，习惯于高关税、报复性和惩罚性关税，甚至拒绝让那些被认为是"不公平贸易"的国家的产品入境。二战后，美国推动了贸易自由化的发展，并让很多国家和地区受益，促进了全球贸易和全球经济的增长，从20世纪60年代的联邦德国、日本，到70年代的"亚洲四小龙"，80年代的中国沿海开放地带，都大大受惠于自由贸易的进程。

算算中国的账

1979年中美建交，当年7月就签署了为期三年的《中美贸易协定》，规定两国相互给予对方最惠国待遇，相互提供便利。美国作为全球最大市场向中国开放。

按照中国海关统计，1979年中美双边贸易额为24.5亿美元。38年后的2017年，双边贸易总值达到3.95万亿元人民币，占中国进出口总值的14.2%，其中中国对美出口2.91万亿元，自美进口1.04万亿元，对美贸易顺差为1.87万亿元。

中国对美国有如此大顺差，可以有很多解释。我尝试用最简单的方式来说明，即中国是依靠强大的企业家精神，以及不逊色于美国历史上的强烈的重商主义，实现了出口的高增长。

福耀玻璃董事长曹德旺在公司2017年度业绩发布会上回应中美贸易摩擦，他说："贸易是你愿意买，我愿意卖。你也有好处，我也有好处，才能成交。美国要买东西说明了两个问题，一是美国有需求又不会生产；二是中国愿意卖给你。你不是救济中国，是中国在卖给你产品。你很喜欢这些产品，这些产品卖得便宜。美国要增加关税，20%不够就40%，50%我也支持。因为不赚钱的话我不会卖给你。"

曹德旺的话很朴实，但道出了生意的本质。当美国放弃生产某种产品时，就是在选择逆差。不选择来自中国的逆差，就选择来自别的经济体的逆差。相比而言，中国的逆差可能是"最好的逆差"，因为中国产品性价比最高，美国得到的消费者剩余最多。

那为什么是中国，能生产出又让人喜欢又便宜的东西呢？靠的是曹德旺这样的不计其数的企业家。他们的工作时间、强度、耐受性、服务客户的精神，岂是今天的美国企业所能比拟的？

欧美国家老是抱怨中国不开放市场，事实上，如果一个个行业去研究，在开放环境下，中国企业赢的概率也很高。一位外资产险公司高管曾对我说，中国目前有80多家产险公司，外资有20多家，但市场份额一共只有2%，其中1%还是安盛收购中国的天平保险获得的。这主要还是因为中国公司成长快，响应市场的速度快，学习得快，而且更加拼搏。

广泛而旺盛的企业家精神是解释中国增长和中国顺差的不二法

门。但除此之外，还要加上重商主义的文化和政策，也就是重视出口、喜欢顺差、注重财富积累、重视加工制造业对就业带动作用的一整套安排。对外高关税，对内出口退税，提供各种政策优惠，进行汇率管制。还有勤奋，中国劳动者付出了欧美企业家所无法想象的血汗努力和工作时间，所有这一切，造就了中国的出口奇迹。

外因是变化的条件，内因是变化的依据。中国"外账"的巨大顺差，来自"内账"的低成本加超常努力。而重商主义政策，加班不加薪的劳动力，对环境消耗代价的忽略或少计算，都是保持"低成本"的条件。

中国如何处理与美国的贸易摩擦，仁者见仁，智者见智。从我的理解看，中国更应该关注"内账"。一方面是最大化地调动企业家、创业者的积极性和创造性。他们是具体做生意、做产品和做服务的人，保住这股力量就保住了我们最重要的资产。历史上有过很多贸易战，市场的动荡危机也不是一次两次，但企业家总有办法应对。要相信企业家。

另一方面，我们也要思考，新时代究竟需要怎样的重商主义，传统的重商主义要不要调整？正是在各地的重商主义政策刺激下，导致过度投资，产能过剩，出口价格战自相残杀，成绩是突出的，代价是高昂的。这并不是可持续的发展模式。

中国如何有所作为？

从"内账"的角度看"外账"，立足于高质量发展，而不是一味追求高顺差高外储，则中国可以有所作为的地方有三：

一是校正过度重商主义的倾向。减少微观干预，顺应要素的市场化定价和流动规律，倒逼中国企业从成本依赖转向创新驱动。这样就能减少一部分低价值、高消耗的出口，不仅相应地减少对美国的顺差，也让渡一部分市场空间给新兴经济体。中国货物出口占全球货物出口的比例已经非常高，不可能这样一直下去。退一步，反而可能海阔天空。

二是加大本国市场的开放力度。以金融服务业为例，中国人民银行行长易纲2014年在《中国金融业对外开放路径与逻辑》[①]一文中提到，金融业的基础性作用在于社会资源的优化配置，如果金融系统的效率得不到提高，那么整个中国经济都将受到非常严重的拖累，这是中国金融安全和稳定的最大威胁。许多国内证券公司在发展过程中均吸收过国有资本、产业资本或民间资本，但公司治理并没有质的提高，违规是机构内部人员及其所有者获益的来源。中国证券业并不缺少发展资金，主要是缺少"机制"，缺少严格的公司治理和创新意识。"从历史的教训以及其他金融行业对外开放的经验来看，外资参股证券公司有利于证券公司提升经营管理水平，构建行业持续健康发展的机制"，但是，"尽管证券业已全面履行加入世贸组织的承诺，但中国证券业仍然是世界上少数存在对外开放限制性措施的国家之

---

① 该文刊发于《中国改革》杂志, 2014年第10期。

一。目前，大部分新兴市场经济体均实现了证券业对外开放，中国台湾地区和香港特别行政区、新加坡、俄罗斯、印度尼西亚、菲律宾、巴西、阿根廷、智利、墨西哥等对外资参与证券公司均没有持股比例限制，泰国、印度、韩国等原先的限制条款目前也已全部取消。"这是多年前的文章，但直到2017年，证券业才加大了开放力度。除了证券业，中国还有很多服务领域都应该加大开放力度，不仅可以为人民群众的美好生活提供优质供给，也能减少对外顺差。

三是继续毫不动摇地坚持发展是第一要务，并通过更加市场化的资源配置的信号，对企业家进行引导。2015年，时任财政部长的楼继伟在"清华中国经济高层论坛"谈到玉米补贴时表示，补贴扭曲了价格信号，在保住基本口粮的前提下，一些非关键品种可以适度进口。企业家刘永好很有同感，他说，国家托市，高价收购玉米，导致玉米价格长时间比国际市场贵50%甚至贵一倍，玉米价格高了饲料价格高，又传导猪鸡鱼鸭动物蛋白的价格高，最后这一切由老百姓买单。如果充分利用进口玉米和其他的非口粮的原材料，饲料价格将大幅度降低，猪肉、鸡肉、鱼、牛奶制成品及餐饮价格都有可能降低。扭曲市场信号的重商主义，在中国很有市场，但并不是增进人民福祉的最佳路径。

中美贸易摩擦，单就可能带给双方的伤害来评估，中国的回旋余地更大。心中有底，回击时，并不需要出什么大牌，中国理应更从容。中国成为和美国平起平坐的竞争者，这本身就是意味深长的趋势。谁都没有许诺过谁，"离开你日子就不能过"；但也要明白，对立互伤后，谁的日子也不会比以前更好过。

预期很重要。中国更应看到的，是更大的牌局。应该把美国对中国巨额顺差的发难，化作变革传统增长模式、实现高质量发展、自我超越的契机。中国努力确保自身继续健康发展，就是最大的一张王牌，谁也动摇不了。

中美贸易摩擦（二）：压舱石、绊脚石与打火石

没有严肃的学习，就永远不能真正进步。而学习的动力往往来自现实的挑战。如同恩格斯所说："社会一旦有技术上的需要，则这种需要就会比十所大学更能把科学推向前进。"

2018年的中美贸易摩擦就像一个超级课堂，议题重大，影响广泛，随时更新，视角各异。在我快30年的媒体经历中，这种感受似乎只有在中国加入WTO时才有过。"入世"影响了方方面面，也促生了市场化财经报纸的兴起。2001年1月1日创办的《21世纪经济报道》最初的口号就是"与加入WTO后的中国一起成长"，当年4月创办的《经济观察报》将2002年作为"中国的国际化元年"。它们的成功掀起了财经报纸热，2004年在上海，《第一财经日报》和《每日经济新闻》先后创刊。今天中国从事财经报道的媒体人，有相当部分都曾在这些地方工作或受其影响。

入世时，"融入全球体系，顺应国际规则，以开放倒逼改革"是共识，分歧是局部的、行业性的。而今天，WTO多边贸易体系本身受到"美国优先"和单边思维的挑战，在中国经济总量接近美国的三分

之二时（2001年时不到15%），美国看中国的眼光也在改变。一个新局面正在形成，即美国对中国从战略接纳转向战略竞争。

在这样复杂而深刻变化的关头，任何简单化的判断都显得轻薄。如何通过这一足够重大的题材来提升自己的认知水平？

关于对等

有一个看法最近广为流传，就是中方更强调互惠，美方更强调对等，虽然英文是同一个单词"reciprocal"。区别何在？"互惠"聚焦于可计量的商品贸易（较少涉及投资），是"边境措施"，主要抓手是关税互惠、减少进出口贸易的政策限制；"对等"更强调双方的市场竞争机制、国内法治环境和营商环境，是"边境后措施"，主要抓手是知识产权、竞争政策等制度性安排。

而在对外经济贸易大学的博士生导师崔凡教授看来，"reciprocal"在18世纪的贸易法中就已出现，1947年签订的关税和贸易总协定（WTO前身）也有，那时并没有哪个谈判者关注"边境后措施"。他说："大家希望推动改革的意愿是好的，但不能随意界定法律概念。近年来，美国与欧盟出现了针对中国的要求投资对等开放的声音，2015年中国发布的《关于构建开放型经济新体制的若干意见》中也提到'坚持自主开放与对等开放'，说明中国在国际经贸关系中并不排斥对等。问题在于，在实践中，对等原则的具体含义存在一定模糊性。一方面，当事各方在开放幅度或者所获利益的量上如何对等，很难精确界定；另一方面，对等原则既可能成为贸易投资自由化的助推器，也可能被当作贸易保护主义的工具。"

为什么"对等"可能成为保护主义工具呢？在WTO中，对等原则和非歧视原则（包括最惠国待遇与国民待遇）是紧密联系在一起的。最惠国待遇的基本目标，是使所有参与多边贸易体制的成员都能分享该体制带来的好处。因此，WTO框架下的"对等"指的是多边对等、全面对等，并且考虑到了发展中国家的特殊性与差别化待遇。

而美国要求的某些"对等"，很可能直接违背最惠国待遇原则。特朗普多次说他在考虑征收一种"对等税"，并在推特上发文称："如果某个国家对美国的产品征税50%，美国却对进口同一产品不征税，那既不公平也不聪明。美国会很快开始征对等税，他们对我们征什么我们也要同样还以颜色。"这种同类对等的做法显然有违最惠国待遇原则。如果全面实施对等税，将使得美国针对来源于不同国家的产品征收不同税收；如果仅仅针对少数高税率国家征收对等税，等于美国不会给予这些国家最惠国待遇。

和崔凡教授的交流让我意识到，对等原则的确是WTO承认的指导原则，但其含义主要是多边全面的扩散对等，不应仅从双边和产品层面理解，关键要看如何具体定义，是否与最惠国待遇原则相容。违反最惠国待遇原则、以对等为由实施单边贸易与投资限制，不仅损害双边经贸关系，而且不利于多边贸易体制与国际投资体制发展。

关于合规

2018年4月16日，美国商务部宣布激活对中兴通讯的拒绝令。5月9日晚，中兴通讯发布公告，受拒绝令影响，公司主要经营活动已无法进行。公司及相关方积极与美国政府相关部门沟通，推动美国政府调整或取消拒绝令。

但美国监管机构在执法时是不是都那么公正呢？

中国社会科学院学部委员余永定在财新网发表的《美巨额罚款公正还是勒索？》一文，提出了质疑。进入21世纪，特别是2008年金融危机后，美国政府对企业定罪的数量和罚款金额都大幅上升，仅2009至2015年7月对在美经营的银行就处以罚款1610亿美元。有误导投资者投资有毒债券的问题（如美国银行、摩根大通分别被处以166.5亿美元、130亿美元罚款），有反洗钱问题（如法国巴黎银行被罚89.7亿美元），有帮客户逃税问题（如瑞士信贷被罚28.8亿美元），等等。余永定还提到英国《经济学人》上的一篇文章《美国的公司庭外和解：构陷企业违法犯罪之路》。文中认为，美国监管体系贪得无厌，"在运营世界上获利最多的敲诈勒索生意"，"其套路非常简单：找到一家可能有（或者可能没有）不当行为的企业；威胁其管理层让其公司无法经营，最好辅以刑事指控；强迫这家公司用股东的钱交付巨额罚款，以达成旨在最终撤销这些指控的秘密庭外和解（没人能知道和解的细节）。然后，再寻找下一个目标"。

余教授的文章，有两点令人印象深刻。

一是为什么被处罚企业不通过公开法庭诉讼主张自己的权利？这也是中兴案中不少人提出的问题。因为监管者既是法官又是陪审团，金融机构忌惮能不能保住经营执照、会不会失去美国市场、如何留住客户和员工、如何面对股价大幅下挫、如何应对后续可能出现的恶意监管等问题。一旦被执法者咬上就别指望它松口，所以企业只能退缩。二是当执法机构被允许保留所有或部分罚款时，很难指望其执法的公正性。法国巴黎银行2014年被罚89.7亿美元，其中22亿被纽约金融服务局（NYDFS）拿走。NYDFS获取的罚款甚至成为纽约州政府的一项重要财源，州长说这是"天上掉下的馅饼"。

余教授说："中国的舆论往往只指责自己工作人员的失误（失误肯定是有的，有些可能还很大），而不知道美国政府部门和监管机构有时也可能非常蛮不讲理。"他让我们看到了美国不讲理的这一面。不过，中国公司的当务之急还是要补上合规管理的短板。

关于制度

对于中美贸易争端，很多人将其视为两种不同经济制度和发展模式的一次"摊牌"，特别是当中国通过创新向价值链上游跃升的时候。

安信证券首席经济学家高善文在《中美贸易摩擦深处的忧点》一文中说："美国学者给中国扣了一个帽子，叫国家资本主义。在美国企业看来，中国企业背后站着政府，政府通过产业政策、财政补贴、准入限制、廉价信贷乃至直接订单等手段支持中国企业，这使美国企业在中国和全球市场都处于不利的竞争地位。"比如太阳能板和钢铁，大量补贴，很容易形成产能过剩，廉价出口到全球，欧美厂商被迫退出市场。

2018年5月8日，在日内瓦举行的世贸组织总理事会年内第二次会议上，美国新任驻WTO大使谢伊就用"国家资本主义"形容中国的经济模式，并将其和市场准入壁垒、强制技术转让、知识产权问题以及自主创新、技术标准、政府补贴、对外资的限制性政策等联系在一起。

中国常驻WTO代表张向晨对谢伊进行了回击。他说，中国的发展根本上源于两条：一是实行市场化改革，释放经济主体的活力；二是融入了全球化，开放国内市场，遵守国际规则。中国宪法第十五条规定，国家实行社会主义市场经济。第十六条规定，国有企业在法律规定的范围内有权自主经营。这是改革开放的法律成果，也是中国未来发展的制度保障。

张向晨说，中国的市场经济体制需要进一步完善，国有企业需要进一步改革，国内市场需要进一步对外开放，知识产权的保护需要进一步加强。这些不足正是进一步深化改革开放的目标，而不是中国获得发展的"秘密武器"。他举了自己亲历的例子：

> 五年前，我作为商务部主管知识产权的部长助理，率国务院督查组去甘肃、陕西等省检查软件正版工作。甘肃是中国西北一个偏远落后的省份，我在那里抽查了一个部门的六台计算机，结果五台都是合格的，剩下一台也使用了正版软件，只是标签贴的位置不够规范而已。这个部门的负责人对我说，甘肃刚经历了一场大地震，财政预算极为紧张。他们单位为购买正版软件花费了30万元，短期内看不出有什么好处，但大家知道，为了长远的发展这是必须要做的。
>
> 这样的例子还有很多。客观地说，世贸组织《TRIPS协定》（注：《与贸易有关的知识产权协定》）对发展中国家的要求是非常严苛的，但既然我们承诺了，就要努力去做。
>
> 我认为任何外力包括政府都不可能强迫技术拥有者以他们不能接受的条件转让他们自己认为最为珍贵的东西。我和我夫人闲暇时会玩同款电脑游戏，她水平比我高，掌握了通关秘笈，她不会给我她的秘笈，但可以帮我通关，

条件是我给她一定的好处，比如送她一件礼物或多做一些家务，有时我认为这是一项公平交易，有时我也会拒绝，转而依靠自己的努力过关。与此类似的事在中国和其他市场上每天都在发生。

中国的经济制度和市场环境，在本质上与国际社会对市场经济的普遍认知并不相悖，且在不断改进中。中国入世后，和美国、欧盟、日本一样，每两年一次接受评估。2016年评估中，中国收到1800多个质询问题，都一一做了回答，评审会议记录也在WTO网站公布。2011年中国入世10周年时，WTO时任总干事拉米表示，中国入世后的表现是A+，中国履行了规则，虽然并没有做到100%。

对外经济贸易大学崔凡教授比较了中美两国在WTO的表现。中国入世以来一共被告了40次，同期美国被告了80次；中国败诉后，一概执行，而美国败诉后经常拖着不执行，不仅不认账，还"杯葛"（boycott，联合抵制某人或某组织）WTO大法官的任命，使得7个大法官只剩4个。

崔凡同时指出，经过16年，中国成长了，而全球多边谈判停滞，所有经济体都没有大幅度多边减让，中国发展太快，当时的承诺显得水平较低了。但无论如何，中国在白纸黑字上的承诺都兑现了。①

中国的经济制度还有缺陷，要进一步加强市场化改革。但以此否认中国的市场经济，就又失之片面了。

---

① 崔凡,洪朝伟:《谈谈对等开放问题》, (2018-02-22)[2018-05-14].https://mp.weixin.qq.com/s/x_57o-ntVfBMfzuUfJeH1Q.

关于"压舱石"

中国领导人2013年就指出，中美经济关系是两国关系的"压舱石"，本质是互利共赢，双方应该把对方的机遇和挑战视为自己的机遇和挑战，寻找更多利益契合点。

贸易争端会不会让"压舱石"变成两国关系的"绊脚石"？关键也在于，双方能不能把彼此的机遇和挑战视为自己的机遇和挑战。

2018年2月日内瓦对话会上，拉米再次表态中国遵守了WTO承诺，同时他说，以中国今天在世界经济中的体量，没有开放政府采购市场，很不公平。（中国政府在同年4月已经表态将加快加入WTO《政府采购协定》进程。）

同年3月北京的一次座谈会上，美国前贸易谈判代表苏珊·施瓦布说，我相信中国没有刻意要使得产能过剩，但是，只要中国政府一说什么是重点发展的，社会上每个人都会说这是要重点发展的，这样不出现产能过剩是不可能的。

这些说法是中肯的，其背后的含义是中国要加快完善市场经济体制。十九大报告中也提出，经济体制改革必须以完善产权制度和要素市场化配置为重点，实现产权有效激励、要素自由流动、价格反应灵活、竞争公平有序、企业优胜劣汰；全面实施市场准入负面清单制度，清理废除妨碍统一市场和公平竞争的各种规定和做法；大幅度放宽市场准入，扩大服务业对外开放等等。如果能切实落实，"压舱石"就会更有分量，更让人放心。

由于贸易争端的常态化，经济制度的争议也会经常化。这涉及很多问题，比如产业政策，具体就包括税收减免优惠、直接财政补贴、技术改造和设备更新激励、研究开发补贴、特殊收费、产业组织政策、与贸易有关的投资措施、出口导向和进口替代补贴、定价转移类补贴等等。

国家发改委城市和小城镇改革发展中心主任徐林指出，WTO并没有专门的针对产业政策的协定，但有《补贴和反补贴协定》和《贸易有关的投资措施协定》等与产业政策手段密切相关的协定。中国入世后，必须无条件遵守这两个协定，这意味着国内产业政策的制定，也会受到国际贸易规则的约束。比如，直接以促进出口和进口替代为目标的补贴措施，属于禁止性的补贴措施，一旦实施，WTO成员有权提出并实施反补贴措施。

徐林的建议是，中国要实施更加聪明有效的产业政策。比如减少无用的产业规划和政策制定；减少歧视性（选择性）产业政策的制定，在市场主体不愿意配置资源或难以形成合力解决的情况下，才由政府发挥组织协调作用并投入资源进行扶持；改进金融机构的产业扶持政策，让金融机构坚持按商业标准为企业提供融资服务而不是按政策重点提供融资服务；改进产业组织政策实施机制，尽可能少用"拉郎配"等非市场化手段，更多通过市场竞争优胜劣汰、资本市场兼并重组、并购基金参与推动等市场化手段来实现；改进海外人才引进政策，更多让企业和用人机构根据其自身需要，自主招录海外人才，让用人单位站在人才市场的前台，等等。[①]

① 徐林：《国际贸易规则下中国产业政策如何优化》，(2018-05-03)[2018-05-14].http://opinion.caixin.com/2018-05-03/101242871.html.

　　类似徐林这样的建议，就是要把摩擦的"绊脚石"变成改革的"打火石"。顺应国际贸易规则的约束，改进自己的政策手段，并非只是为了化解短期的贸易摩擦，而是维护并改善国际多边贸易体制的长期需要。

　　其实中国从2013年上海自贸区开始的自贸尝试，客观上也是为了优化营商环境，应对TPP（跨太平洋伙伴关系协定）的挑战。TPP的重要目标之一就是建立自由贸易区，协议涵盖所有产品和服务，规则更加透明。上海自贸区从成立一开始就明确不是"政策洼地"而是"制度高地"，其基本任务是加快政府职能转变，扩大投资领域开放，推进贸易发展方式转变，深化金融领域开放创新，完善法治保障。

　　国际贸易争端往往是国内结构性问题的延续。美国的贸易逆差是国内低储蓄、产业过度外包、限制高科技出口、美元本位等结构性问题的结果。中国很多地方对微观经济活动的过多干预，也导致产能过剩、僵尸企业无法出清，并令国际贸易伙伴感到不公。所以，靠政策倾斜驱动的增长模式越来越行不通，建立权利平等、机会平等、规则平等的现代化经济体系才是未来。

　　如果中国能够更多地把争端当成"打火石"，就能透过争端照亮自身存在的问题，进而改进和进步，这方面的让步不是退缩，而是利人的同时更加利己。

　　由此出发，2018年的中美贸易争端，会成为一个真正的市场化、法治化的经济强国崛起的"打火石"。这是中国2001年入世之后的又一个新起点。

中美贸易摩擦（三）：中国的新机遇

自1783年美国商船"中国皇后号"首航中国，中美贸易通商关系已有235年。双方第一个贸易条约签署于174年前。

1844年7月3日，在澳门附近的望厦村，美国和中国签订《望厦条约》，条约中有条规定，美国人到中国做贸易，"所纳出口入口货物之税饷"不得多于别国。就是说，如果中国给了别国任何一点好处，美国也有权享受，这叫"一体均沾，用昭平允"。此即"最惠国待遇"之由来。

由于清政府极其弱势，《望厦条约》规定的"最惠国待遇"变成了单方的特权，即中国要给美国好处，但无权向美国要求获得同样的好处。

1934年，美国通过《互惠贸易协定法案》。此时，法案中的"最惠国待遇"不再是单向的，而成为双向原则，美国承诺把"最惠国待遇"扩大到所有贸易伙伴。1947年10月30日，美国在内的23个国家签署《关税及贸易总协定》，规定任何签字国都必须给予其他所有签约国以"最惠国待遇"。这是二战后自由贸易体系的雏形。

1950年，朝鲜战争爆发，东西方关系恶化。1951年，美国国会通过《贸易协定扩充条款》，要求暂停给予苏联和其他社会主义国家"最惠国待遇"。同年9月，美国取消对中国的"最惠国待遇"。直到1974年，在新的国际形势下，美国对贸易法进行了修改，加了一条修正案（《杰克逊-瓦尼克修正案》），允许总统可以给予社会主义国家"最惠国待遇"，条件是总统要确认该国允许自由移民。

1979年中美建交，1980年中美签署双边贸易协定，规定互相给予对方"最惠国待遇"。由于美国1974年法案的影响，总统无法确定中国是否符合自由移民条件，就选择了每年6月3日之前续约一次的做法。在此过程中，有时还会附加条件，比如1993年克林顿提出将"最惠国待遇"与中国人权状况挂钩。

1998年，克林顿政府将"最惠国待遇"更名为"正常贸易关系"，但仍未改变年度审议的法律程序。1999年，中美就中国入世达成双边协议，2001年中国入世，美国通过给予中国永久正常贸易关系地位的法案，2002年1月1日起正式生效。当时白宫的声明说，布什总统签署的命令，标志着"美中两国真正实现了双边贸易正常化和中国最终融入了以规则为基础的全球贸易体系"。[①]

……

梳理中美贸易史，回顾前瞻，我们应有足够的自信。今天早已不是《望厦条约》那个单向服从的年代，历史演进的大方向是对等、公平、互惠、互利。同时也要看到，由于各种原因和条件的变化，贸易就像"和平的战争"，既有共赢共享的一面，也少不了争

---

① 宿景祥:《"PNTR"的来龙去脉——从"最惠国待遇"到"永久性正常贸易关系"》，《时事报告》2000年第8期。

端、谈判、博弈。不过，如果说贸易是一场战争，那也是所有战争中最不坏的一种。

对中国来说，为什么加入全球市场和贸易体系是如此重要？

最核心的理由还是分工。市场规模决定分工的深化与专业化程度。改革开放前，中国是人口大国，却不是市场大国，被隔离于世界主流市场外，自守相对孤立的经济体系，人均收入很低，人民币购买力很弱。从1978年引进"三来一补"（来料加工、来样加工、来件装配和补偿贸易）开始，中国通过开放为国际大市场而生产。正是在加入全球市场和分工体系后，中国得以发挥劳动力成本优势，促进生产与就业，吸收技术和技能，专业化分工水平不断提高，积累了外汇，增加了收入，自己的内部市场也渐渐扩大了。

中国赖开放而兴。但所有开放经济体中中国成就最大，又是因为中国通过改革激发了自身潜力，形成了独特优势。因此中国成为过去几十年全球贸易体系的最大受益者之一。

2018年4月20日，中国驻WTO前观察员马晓野在"鸿儒论道"的论坛演讲中说，中美1980年签署贸易协定，美国给中国最惠国待遇，促进了贸易的起步。当时美国实施的关税在3%以下，如果没签最惠国待遇，而是被征收百分之几十的高关税，贸易很难进行。中国就从最低端的工业品——坯布的出口开始，点点滴滴，汇成如今的浩浩江河。

美国在谈判中常对别国施压，例如知识产权。马晓野说，知识产权纳入多边谈判时印度代表就说，"我们的教育和你们不一样，知识产权是人类的共同知识遗产，每个人都有权用"。中国当时也缺乏知识产权保护，经常要求一家企业引进技术，大家都受益。谈判很困难，但最终中国建立了知识产权保护制度，在《宪法》还没有确立产权保护的情况下，把知识产权单独立法进行保护。没有这方面的进步，创新型经济很难建设。

历史说明，谈判的压力往往可以转化为进步的动力

中美实现贸易正常化、中国入世的第二年也就是2002年，中共十六大报告提出，"综观全局，21世纪头20年，对我国来说，是一个必须紧紧抓住并且可以大有作为的重要战略机遇期"。如何理解重要战略机遇期？就是中国可以"适应经济全球化和加入世贸组织的新形势，在更大范围、更广领域和更高层次上参与国际经济技术合作和竞争，充分利用国际国内两个市场，优化资源配置，拓宽发展空间，以开放促改革促发展"。

事实是最好的证明。按中方口径，以美元计算，2001～2017年中美贸易额从804.85亿美元增长到5836.97亿美元，中美贸易差额（顺差）从280.80亿美元增长到2758.12亿美元；以人民币计算，2017年中国货物贸易进出口顺差为2.87万亿元，其中对美贸易顺差1.87万亿元，占全部顺差的65%。

中国融入"以规则为基础的全球贸易体系"是符合美国的战略利益的，因为这个体系的基础就是美国在二战后构建的。但当中国成长到今天的规模，美国的心态非常复杂。根据美联社2017年发布的数据，2006年中国是全球70个国家的最大贸易伙伴，美国是127个国家的最大贸易伙伴；现在中国是130个国家的最大贸易伙伴，美国降至约70个。按美方口径，2017年美国贸易逆差为8100亿美元，其中对中国逆差为3752亿美元，占46%。（当年，美国银行业和教育服务业顺

差为2440亿美元，商品和服务加总后的贸易逆差为5660亿美元。）

美国对中国一国的逆差占整个货物逆差的46%，在特朗普看来，这是以前的总统不负责任的结果。他要改弦更张。他说美国的贸易逆差主要源于美国贸易伙伴的不公平竞争，言外之意是中国借助了一些不公平手段。在一篇推文中，他说："中国已经被贸易战胜美国的滋味宠坏了。"

这是中美贸易争端加剧的大背景，多年矛盾积累，总会爆发，只看何时以何种方式而已。

这的确是历史性的重要关口

争端如此之多，集中发作，表明中国可能正面临着改革开放以来最复杂的贸易环境。

20世纪80年代的日美贸易战，打了几十年，今天也没有完全停息。奉行社会主义市场经济原则的中国，和美国的贸易争端更不会因为几次谈判斡旋就"一风吹"。更可能的趋势是，竞合同在，既竞且争，斗而不破，时晴时雨。当然，也不能完全排除极端情况的发生，例如严重的贸易战和双边贸易大衰退。

美国为何要对中国采取强悍措施，是不是受了很多"委屈不公"？

巨大贸易差额的确存在，但双方统计口径就相差了1000多亿美元，摊开来看，美国并不委屈。

这里有统计方法的问题。美国坚持将全部顺差统计在终端产品出口国，不考虑一国在价值链中的实际获利。

转口贸易问题。美国将香港的转口贸易额计入中国名下，但其中很大比例是中国之外其他国家或地区通过香港的贸易。

美国出口金额按离岸价格计算，进口金额按到岸价格计算，将装卸、运输和保险等费用的双倍数额计入对华逆差。

服务贸易问题。美国公布的数据没有反映服务贸易，中国商务部数据显示2017年美国对华服务贸易顺差达541亿美元。

此外，美国在华有大量直接投资。2015年在华美企实现销售收入约5170亿美元，利润超过360亿美元。而中国出口的基本是廉价产品，对抑制美国通胀有很大益处，不买中国货，美国人才真会受伤。中方希望进口更多高科技产品，但美方不松口。

既然在贸易差额上美国并不是真的委屈，可见其对中国发难不仅是贸易因素。值得特别关注的是以下因素："美国优先"和制造业回流；选举政治；担心中国动了美国高科技的奶酪，遏制"中国制造2025"；从国家安全战略角度将中国定位为"战略对手"。美方曾说，最近十几年中国获得了4万多亿美元的贸易顺差，而美国在反恐中花了5万多亿美元，中国占了大便宜，所以必须制约中国的贸易差额。

所以贸易摩擦的背后，更多是实力、地位、规则的考虑。中国已经做大，以后还会更大更强。而在美国看来，在中国做大做强的过程中，美国吃了规则的亏。比如中国关税水平高（中国对进口汽车征收25%的关税，美国只有2.5%），还通过产业政策对企业进行扶持（比如廉价土地和低息贷款）。基于这样的思维，美国对华态度实际上已经发生了重大变化，争端和冲突是必然的。而假定谈判最终以破裂告终，爆发贸易战，后果如何？"双输"的局面是可以预见的。但中方韧性更强，抗打击力更强，这是学术界的一般观点。

有人说，即使中国完全没有贸易顺差，对2018年的GDP增长影响也不过是从预定的6.5%降至6%。这里忽略了一个基本事实：如果贸易萎缩，影响的不只是顺差，还有和进出口相关的国内的投资、就业与经济活动，远不只是净出口对GDP增长的影响那么简单。中国增长对顺差因素的依赖确实已经很小，2007年中国经常项目贸易顺差占GDP的9.9%，2017年已不到2%。但整个中国对开放型经济、外向型经济的依赖很大。更加开放是中国的基本立场，所以中国会尽力阻止贸易摩擦的发生。

总体上，美国是将集聚多年的不满，借贸易平衡的机会来了一次"大撒气"。中方态度也很清晰：继续开放；继续通过对话解决问题，不排除让步但不在重大原则问题上妥协；准备好一切反制措施，"以战止战"；继续推动自主创新。

现在让我们跳出中美贸易摩擦，看看全球贸易规则的一些变化。

2007年美国次贷危机之后，全球货物贸易增长一直疲软，低于GDP增速。按照联合国贸发会议（UNCTAD）统计，2012～2015年全球贸易增长率分别为0.86%、2.44%、0.25%和-13.23%，这里有全球消费需求不足的影响，有贸易保护主义的影响，有危机后各国为刺激经济更多依靠基础设施拉动而基础设施的"贸易倾向"较低的影响，还有全球价值链分工演化到一定程度后边际扩展效应越来越弱的影响。2008年金融危机爆发前，技术进步和全球化分工推动全球贸易高速增长，从传统的以最终产品为界限的分工模式，发展为以产品价值增值环节为界限的"全球价值链分工模式"。在全球价值链分工体系下，中间产品需要多次跨境流动，从而使贸易增长在统计层面不断被放大。但当贸易基数大到一定程度、全球价值链分工发展到一定阶段后，边际深化效应就会递减。

所以当下全球性的贸易不景气，原因很复杂。但在美国看来，问题在于，在WTO框架下美国系统性地开放了贸易和投资，减少了关税壁垒，而其他国家没有向美国同等条件地开放市场，"美国鼓励私有企业、革新和工业，而其他国家则使用政府工业计划和国有企业"。故此，美国事实上正在抛弃WTO框架，另起炉灶。

今天全球贸易规则体系的总趋势，是WTO多边贸易谈判遇冷，各种区域贸易协定谈判则进展迅速，慢慢占据主导地位。截至2018年3月5日，向WTO通报的区域贸易协定有670个，已经生效的有456个。不少国家正通过区域自由贸易协定来实现贸易规则升级。

对美国等发达国家来说，它们认为WTO倡导的"非歧视"和"公平贸易"事实上推进不利。发展中国家口头答应，实际上不认真执行，因此给发达国家带来的利益越来越少。基于WTO框架的多边贸易体系改起来也很难，不如转向相对灵活的区域贸易协定，既可有效缩小分歧，也可促进协定成员国贸易水平的提升。

归纳起来就是说，发达国家开始在原有WTO框架之外，寻求新的更高标准的规则，以掌握未来贸易主导权。据英国经济政策研究中心发布的《全球贸易预警》报告，2015年11月至2016年10月，二十国集团中的19个成员国新增保护主义措施401项，新增自由化措施仅118项；自2008年11月至2016年10月，全球主要经济体累计出台保护主义措施5560项，自由化措施仅1734项。可见发达经济体的一个倾向就是要保护自己和自己的圈子。

中国在WTO框架下抓住了战略机遇，实现了大发展，美国忽略"中国式创新"的作用，认为中国靠不公平竞争，相当于"制度性套利"，所以要改规则。美国援引国内法（232调查和301调查）①向中国施压，本身就是不相信WTO框架的表现。

与发达国家通过区域贸易协定另立规则相呼应，合规在全球贸易中的重要性也越来越高。美国希望通过提高合规标准来制约国际贸易中的机会主义行为。

"去全球化""去WTO"，强化合规，这也是中国面临的新挑战。

中国怎么办？

第一，要全力维护全球化潮流，坚持开放不动摇。中国领导人说，今天，人类交往的世界性比过去任何时候都更深入、更广泛，各国相互联系和彼此依存比过去任何时候都更频繁、更紧密。一体化的世界就在那儿，谁拒绝这个世界，这个世界也会拒绝他。

中国再大，没有世界大。全球市场所带动的分工效率的提高，以及全球价值链的作用，比中国市场和中国价值链有效得多。全球产业你中有我，我中有你，民族产业思维应该上升到全球产业思维，即立足于整合全球资源。即使万一中美爆发贸易战，也不应动摇坚持全球化的立场。在最极端情况下，中美失去互信，各搞一摊，那时要证明

---

① 232调查，指美国商务部根据1962年《贸易扩展法》第232条款授权，对特定产品进口是否威胁美国国家安全进行立案调查，并在立案之后270天内向总统提交报告，美国总统在90天内做出是否对相关产品进口采取最终措施的决定；301调查，指美国《1974年贸易法》第301条立法授权条款，对"不公平"的其他国家的贸易做法进行调查，并可与有关国家政府协商，最后由总统决定采取提高关税、限制进口、停止有关协定等报复措施。

中国价值链效率更高，对世界贡献更大，还是要靠开放，靠团结整合一切可能的力量。事实上，美国能有今天的地位，靠的也不是封闭而是开放。

所以，无论是"一带一路"，东亚地区深度合作，还是亚洲共同体，中国都要建设性地推动与更多国家和地区深度合作，把中国的资本、市场、制造等优势与更大的国际合作体系相结合。

第二，面对全球贸易体系的深刻变革，中国也要努力倾听国际的声音，承担更多的责任。再说"中国是发展中国家"虽然有不少理由，但要国际社会按照印度那样的标准看中国是很难的。比如，中国2006年兑现了入世后将汽车关税降到25%的承诺，但此后十二年来一直没有再做调整（直到2018年7月1日，财政部将进口汽车的整车和零部件税率分别降至15%和6%），同时仍对豪华汽车加征消费税。虽说消费税对所有豪华汽车都征收，但从征收额的比例来看，主要针对国外品牌。这种事实上的保护，也不利于倒逼国内车企提高效率和品质。

世界贸易组织前总干事拉米批评特朗普的保护主义，但他也说，虽然中国国情的界定有不同解读，但某些领域确实有比较高的关税和非关税措施（如化工、石化），公共采购市场只开放了10%，国企补贴也需要进一步完善，投资对等原则无论发达国家还是发展中国家都应该执行。

中国企业正越来越多走向世界，努力提高合规水平，也是一种国际责任。

第三，中国和美国之间存在很多双赢机会，应当努力寻找创造性的解决方案，而不是只盯着贸易战。有人建议中国可以在美国农产品和果蔬发达的地区投资，建设加工厂，产品出口中国，既帮助美国解决就业、增加顺差，又有助于提高中国居民的消费品质。还有人建议中国可以帮助美国修建页岩气管道，美国有资源，但没有钱把管道修到港口，就算中国买了页岩气，也很难大规模运出来。有建设性立场，再进行换位思考，就会找到一些双方都受益的方案。中国加大市场开放力度，更是利人利己，利国利民。

第四，全面深化改革要进一步提速。比如统一公平的现代市场体系的建设，法治化、便利化营商环境的建设，对企业税负和非税负担的降低，公司治理的改进，产业政策的适度与合理化，知识产权保护等。

第五，加强新形势下对全球市场和贸易的研究，吸收培养一批懂市场、懂国际的法律人才。贸易争端的解决，归根到底要靠富有建设性、创造力、可操作的法律细节的突破，这方面中国人才欠缺，急需补课。

总之，中国要最大化地利用贸易摩擦内在具有的机遇一面的含义，沿着高质量发展、负责任发展、开放性发展、合规化发展的方向，促进自身的超越，在技术创新上更是要再上一层楼。如此，中国将创造出新的机遇。中国的优势是快速迭代更新，学习消化后自生长，只要不急不躁不乱，时间将是中国的朋友。

中美贸易摩擦（四）：这不是至暗时刻，而是关键时刻

中国的活力和亿万创业者、劳动者的奋斗分不开。奋斗精神代代传，人力质量步步高，这是我们独特的文化优势，世罕其匹。中国的成就不是偷来的，抢来的，也不是别人送来的，更不是天上掉下来的，而是干出来的。

改革开放40年来，我们靠双手改变了命运。互联网时代的中国，因为海量用户的倒逼，创造出了全世界领先的用户体验（速度、便捷、性价比），并大大提高了中国消费者对一切产品和服务的期待水平。高期待、高压力，必然导向更强的竞争能力。中国正在成为全球商业领域的创新引擎。现在美国某个产业的学术杂志发表一篇前沿性论文，最早把它商业化、做出样品的可能是中国，因为中国不仅有如饥似渴的"技术寻源"能力，还有强大的零部件和加工生产体系。

最近我遇到的美国、德国、法国的几家跨国公司高管都承认，如果说过去几十年，不进入中国就不算真正的跨国公司；现在，失去中国就失去了未来，因为最鲜活的创新实践往往不在其母国，而在中国。

中国如何更好地和世界沟通

中国巨龙的经济规模已经让世界震惊，如果不能在国际大视野中对自己的道路做出恰当、正当的界定，我们越强大，越自信，国际社会可能越担心。

中美贸易摩擦从贸易差额问题向知识产权、投资等更多领域蔓延，且涉及两国的经济结构、经济制度、意识形态等深层次问题。白宫先是宣布对中国价值500亿美元的产品征收25%关税，继而宣布将制定2500亿美元征税清单，美国参议院也试图恢复对中兴通讯的制裁。这一连串进攻型打法，用英国《金融时报》的评论来说，像是派B-52轰炸机出场进行地毯式轰炸；用美国《国家利益》杂志的说法："全球局势可能有从东欧剧变之后的冷和平，逐步向新冷战滑落的危险性。"

外患更添内忧，一时间，看空中国市场的声音和抱怨多了起来，要和美国"血战到底"（如卖出美债、对在华美国公司直接进行限制）的声音也不绝于耳，主流专家学者也纷纷拉响警报。有学者测算了美国对中国关税制裁的几种情形，最坏的是互加关税以及采取其他措施，中国对美顺差降低1000亿美元，同时美国强化对华科技产品出口限制以及中国对美科技投资的限制。即使这样，中国经济增速依然可以保持在6%左右。但学者们真正担心的是，此次贸易摩擦会变成一个转折点，成为历史上"老大"遏制"老二"崛起的最新版本。从这个角度看，贸易差额只是导火索，本质是美国要通过"干预'中国对经济的干预'"来确保自己的优势不被侵削。

如果这是一个大的路线图，则中美经贸摩擦将常态化，时不时就会升级，而且充满不确定。中国原来的基于一个统一全球市场所制定的战略可能遇到意想不到的压力。是美国成功遏制中国崛起，还是中国成功进行反遏制，这是未来几年的全球重大看点。

中国不会像日本或苏联那样被美国遏制

中国不是20世纪80年代末的日本，中国内部市场规模巨大，远超日本，中国人均GDP增长的潜力也很大，不像当年的日本已经接近美国水平，几乎没有了增长空间；中国经济的活力是苏联无法相比的，中国也没有苏联那么突出的加盟共和国的离心问题。尽管美国把中国作为战略竞争对手，但注定遏制不了中国成长。美国《国家利益》杂志也承认："如果美国将胜利定义为克服抵抗、特别是克服中国的抵抗以实现其全球霸权，那么它在新冷战中将遭败绩。"

中国如何不被遏制，继续前进呢？这方面已经有很多建议，除了有理有据进行谈判，力争在WTO多边框架下解决争端外，专家的建议集中在扩大开放、深化改革、促进内需、加强产权保护、推动国企改革等。我想强调的是，一是平常心，二是规则心。

首先是对美国开给中国的问题清单要有平常心。中国到底有没有遵守WTO承诺，有没有推进知识产权保护，不是美国说了算，众多国际组织自有评价，中国总体表现属于上乘。有做得不足、不到位的地方，有随着自身发展应该进一步提高标准、承担责任的地方，但决不是"小偷"，不是"经济殖民者"，我们无需被美国的说辞和规则吓唬住，更不必自贬其身。如果说一个国家经济增长的大部分都是靠不公平竞争做到的，而且能做到世界第二，那简直是在侮辱全世界消费者和投资者的智商。这样的例子在历史上也找不出一个！

其次是对谈判这种形式也要有平常心。虽然谈判常常让人不开心，但我们要明白，谈判是解决争端的最不坏的方式。谈判恰恰是为了消除战火，一次谈崩了也没什么了不起的。我们要习惯谈判，学会谈判，用好谈判，适应谈判新常态。

与此同时，我们要有更强的规则意识。既然要进入美国这个全球最大市场，就要深入了解其规定，遵循其规定。以出口管制制度为例，美国这方面的法律基础主要有《出口管理法》《武器出口管制法》《国际紧急经济权力法案》等，都是国会颁布并经总统签署的正式立法。虽然出口管制规则的主要义务主体是美国企业（美国原产产品或技术的出口商），但也具有一定的域外效力，使外国企业也可能受到美国出口管制规则的限制。例如，BIS（美国商务部工业与安全局）所认定的"出口"概念针对原产美国的产品或技术的所有流转，采取的政策是考察产品的终端用户或终端用途，美国原产的产品或技术不可以通过任何流转被禁运对象所用。所以，如果中国企业进口美国原产的产品或技术，又将该产品或技术转卖给美国禁运对象，就会违反《出口管理条例》，导致一系列负面法律后果。

走向世界的进程中，关键是国民的福祉

在强调自上而下变革的同时，如何激发自下而上的积极性，是一个重大命题。我们对中国经济有信心，是源于对广大创业者、企业家和劳动者群体有信心。既然我们可以把中美贸易争端当成进一步改革开放的助推器，为什么不能把国内百姓的意见和建议作为打火石呢？开放商品和服务的市场很重要，观念市场的建设也很重要，这又涉及信息透明、开放社会、媒体职责等问题。

只有更多地从国民福祉角度思考问题，才能铸就民心的万里长城。中国的高铁很得民心，高铁建设过程中也有很多国外的技术转让，当时国外供应商也有说三道四的，但老百姓完全站在支持高铁的这一边。因为如果当时没有技术转让与合作，未来光是高铁每一年的维护成本就是天文数字，折算到票价里，中国乘客难以承受。所以，国民福祉是一切思考的根本点，我们之所以开放，最大的理由是开放能够促进国民福利提升。

今天不是一个至暗时刻。我们相信中国。风会吹灭蜡烛，但会吹旺篝火。

今天是一个关键时刻。它让我们透彻地意识到，国内百姓的福祉才是中国的最高利益，没有他们的努力，就没有中国今天的地位。他们的命运，就是中国的命运。只有当我们对他们的酸甜苦辣及时作出回应时，才能把他们团结在一起，凝聚在一起。这方面我们的问题很多，改进的空间极大。真正以民为本的中国，才是不惧任何外部挑战的中国。

探寻中国企业的精神向度

希绪弗斯教人以否定神祇举起巨石的至高无上的忠诚。他也断定一切皆善。从此这个宇宙对他不再是没有结果和虚妄的了。这块石头的每一细粒，这座黑夜笼罩大山的每一道矿物的光芒，都对他一人形成了一个世界。登上峰顶的斗争本身足以充实人的心灵。

——加缪

中国公司2017：风吹草动后你还看到了什么

似乎近年来成"某某系"的公司，都在成为大家关注的焦点。

风吹草动，难以藏形。监管的疾风当能识别谁是劲草，谁是枯叶。风吹雨打中，有一种秩序正慢慢浮现，它在政府措施中，也在民意诉求里。

从写下《反思富豪十大错》[①]开始，我刊登过不少文章，呼唤好人赚钱，呼唤良心资本，倡导"生产性的企业家创新才能"，警示"非生产性的""破坏性"的套利与寻租。在探索商业文明之路上，也确实预言对了一些公司的命运。

大图景：有风吹草动，更有万木葱茏

虽然风在吹，但我们并不希望把今天看作草木皆兵、刨挖原罪的时代。这与事实不符。

万物生长，万木葱茏，创新驱动，坚韧转型，消费升级，龙头崛

---

① 秦朔：《文明寻思录第一辑:我们这个时代的企业家精神和商业文明》，广西师范大学出版社2016年版,第9页。

起，这是中国经济基本的也是更大的图景。今天是中国甚至是世界有史以来，创业者和企业家精神最广泛、最活跃、最生动的时代。通过无与伦比的勤劳付出，中国人不仅造就了经济奇迹，也在共创一种让创业、创新、创造、创富可持续的制度环境和社会文化环境。

今年，我在和一家跨国的家电公司高管交流时，问道："你们的市场占有率排第几？"他回答："在外资企业里排第一。"那一刻，我的鼻子竟有些发酸，因为20多年前采访中国企业时我也常问这个问题，他们的答案总是"不算老外排第几"。

我曾和武汉高德红外公司交流，他们自主研发了红外热传像核心探测器。董事长黄立说，红外热像仪在陆海空武器装备和民用市场都有很大需求，但以前，占整机成本70%的红外探测器全靠欧洲进口。由于涉及军民两用器件出口，欧洲审批极严，经常封锁。所以2008年他们背水一战，自主研发。从原材料提纯开始，几十道高科技工艺的专业跨度很大，每个环节都要不同的专家完成。通过自主创新加开放式整合资源，最后他们成功了，产品综合参数比法国同类产品高30%以上，夜间完全无光源的情况下，探测器可清晰夜视几十公里，跟踪空中飞行目标距离三四百公里。黄立感慨道："8年时间，300多人的团队，20多亿元的总投入，也就突破了以前觉得不可能的难关。"

在北京的一次会议上，我谈到企业的原罪问题。西安隆基绿能科技公司的董事长钟宝申回应："不能说中国企业都有原罪，我们就没有，很多企业也没有。"后来了解到，这是一家成立于2000年，专注光伏能源全产业链发展的公司。公司叫"隆基"，取自创始团队的母校——兰州大学原校长江隆基之名，江校长"育人为本"的思想给他们很大启发，也让公司保持着单纯的校园气息。2017年他们的销售收入有115亿元，归属于上市公司股东的净利润有15.47亿元，在单晶硅材料方面全球领先。每当想到这一句坦坦荡荡的"没有原罪"，我就感动不已。

一位风投公司的全球合伙人告诉我，过去的全球化是美国主导的全球化，美国人决定一家公司如何在全球开展业务，而他可能很少离开过美国。现在的情况是，一个印度人、意大利人或中国人，他们在多个地方受过教育，工作过，更了解全球，他们告诉公司怎么做全球化，而背景和思维单一的老合伙人可能主动让出管理岗位。

2017年《财富》杂志500强中，中国有115家企业上榜（含港台地区10家），美国有132家，日本有51家。遥想1999年，中国只有6家（港台地区除外），即中国石化、中国工商银行、中国银行、中国化工进出口公司、中国粮油进出口公司、中国石油，全是"中国"打头，当年排名最前的中国石化排第73位，中国工商银行排第160位，到了2018年它们分别排第3位和第22位。

大政策：个案式处理，不盲目翻旧账

2017年，一些昔日风光的富豪因种种原因陷入困境，但我们注意到，对他们的处理有两个明显特征。

第一，基本是个案式的，谁有问题处理谁，是什么类型就处理什么类型的问题，并未扩大化，也未针对整个民企。相反，政府一直强调：稳定民营企业家信心；进一步减轻企业税收负担；更好激发非公有制经济活力；加强产权保护制度建设，激发和保护企业家精神，使企业家安心经营、放心投资。

第二，对存在问题的企业，虽然通过"窗口指导"进行了某些行政干预如金融限制和审批限制，但大体是在法规和政策规定内，有据可依。

2018年2月，中央政法委领导在《人民日报》发文，提出"对改革开放以来各类企业尤其是民营企业因经营不规范引发的问题，要以历史和发展的眼光予以看待，严格遵循法不溯及既往、罪刑法定、从旧兼从轻等原则公正处理，不盲目翻旧账。对已过追诉时效的，不再追究。罪与非罪不清的，实行疑罪从无"。文章还说，树立审慎理念，严防刑事执法介入经济纠纷；树立善意理念，确实需要查封、扣押、冻结财产的，要严格依法进行，防止超标的、超范围，最大限度减少对企业正常生产经营的不利影响。

民企的整体表现是积极的，促进民企发展的政策并未"紧缩"，对个别民企的问题基本上采取审慎善意态度，依法规范处理。

大信号：义利相兼，要正起来

但是，2017年的一系列风波还是具有明显的信号和导向意义，这又是一切公司必须高度重视的。

如果稍微拉长点时间，2017年不间断上演的商业大片，其序曲在冬天即已拉开。那个雾霾沉沉的冬日，董明珠突然大声说，"谁破坏中国制造谁就是罪人"，"如果通过搞资本运作，带有野心去发不义之财，社会也不会允许"。石破天惊！没多久，刘士余就祭出"土豪、妖精、害人精、野蛮人"之论①，说"这是不可以的"。监管风

---

① 2017年底，刘士余在基金业协会会员代表大会上脱稿演讲，猛烈抨击险资举牌是"妖精、野蛮人"，"希望资产管理人不当奢淫无度的土豪、不做兴风作浪的妖精、不做坑民害民的害人精"。

云突起，"要把防控金融风险放到更加重要的位置，着力防控资产泡沫，提高和改进监管能力，确保不发生系统性金融风险"，随即成为2017年最重要的财经主题之一。

"确保不发生"，就是说，但凡可能发生的风险都要处置，这种"零容忍"对2017年这个具有特殊政治意义的年份尤其重要。中央已明确"特别是要坚决打好防范化解重大风险、精准脱贫、污染防治的攻坚战"，三大攻坚战，防风险排第一，因此只要发现隐患——不管它是什么类型，也不管其背景和成因有多么复杂——哪家公司不能碰、不能动、有豁免权呢？没有！

从除夕前夜香港的"望北楼"开始，监管者特别是金融监管者，开始闻鸡起舞，打扫庭除了。

不必再一一回溯，只需看几大变化：

> 变化一：现在还有多少富豪高调炫富，大搞排场，公众侧目也不在乎，"我的钱想怎么花就怎么花"？
>
> 现在，富豪看到因股价上升，自己升至富豪榜前列，第一反应是让下属不转发、不传播新首富的消息。
>
> 变化二：现在还有多少富豪可以不回答"谁的公司"这样的问题？
>
> 保监会说必须解决资本不实和公司治理失效问题，要加强投资人背景资质和关联关系穿透性审查，禁止代持、违规关联持股等行为；重点关注股东是否直接或间接通过银行贷款、非自有资金、股权和存单质押等方式获取的资金向保险公司注资；对存在入股资金来源或股东关联关系申报不实，以及编制提供虚假材料等违规行为的股东，要依法从严从重处理。

　　证监会2017年5月12日在官网披露的对方正集团原高管的市场禁入决定书中指出，证监会调查后认定方正集团存在多个问题，首先就是"方正集团及方正证券其他股东隐瞒关联关系"。

　　《华尔街日报》在评述中国民企"从事海外收购时面临的合规困境"时说："中国很多最为雄心勃勃、最具企业家精神的公司为少数人持股，极少披露运营、所有权或融资信息。信息不透明导致这些近年来向海外扩张的中资企业遇挫。"

　　变化三：现在还有多少富豪不在乎现金流、偿债能力、库存与周转、合规、政策导向等健康指标和约束指标，还言必称资本化和跨市场套利，关注点都在做大资产规模、做高资产估值、坐等资产升值上？

　　梳理一下过去曾经被银证保"三会"点名关注的民企们在国家强调防控金融风险后的表态，基本都很类似——要更加注重稳健经营，更加注重防范风险，更加注重创新，严格遵守国家政策导向和法律规定，符合文化价值观和社会责任要求，等等。

　　2017年从冬到夏，"天上好像充满了征兆，表明揭发这些事实的时机已经来临"。这是1894年美国作家劳埃德在《财富与国民》中的一句话。他因为思想激进，被岳父、《芝加哥论坛报》老板剥夺了财产继承权（先由他人保管，以后由其子女继承），但他当时的呼吁还是产生了相当大的影响。他说"美国民主的伟大试验正在遭到商人们的破坏，他们正变得比国家还有权势，控制了人民选出的代表"，"自由产生财富，而财富毁灭自由"。

　　政府和民众喜欢那些通过创新为社会带来"生产性价值"的企业，不喜欢那些靠高杠杆和资本运作进行"价值套利""财富转移和再分配"的企业；喜欢看得明明白白的企业，不喜欢背景神神秘秘的企业；喜欢有谦卑心和责任心的企业，不喜欢"满嘴跑火车"的企业；喜欢对利益相关者诚信友好的企业，不喜欢独大、独尊、独享的企业。

对偏好寻租的富豪，这是"减租""去租"的季节；对背景模糊的富豪，这是"清源""祛蔽"的季节；对自我膨胀的富豪，这是节制收敛的季节。谁都追求利益，利者，"人之用曰利"，但中国文化还有一个"义"字，义者，"事之所宜也"，也就是恰当性、正当性。从财富来源到创富手段，现在是更强调正当性的季节。不盲目翻旧账，不等于任何账都不算，不等于听任"坏账""乱账""混账""环境污染账"继续扩张，该清的也不清。

从这些角度看，2017年是中国商业价值的重估之年，是商业价值观的重塑之年，甚至可以说是新商业文明的元年。

从对企业负责的角度，我们当然不能随意去贴标签，制造"假想敌"。不少金融专业人士分析也指出，民企海外投资浪潮中有估值过高、为抢资产乱抬价的例子，但也有不少是优质资产，现金流和股价表现都很好，"有的公司买的资产比它自身的资产质量还好"。对此，要基于专业，客观分析。

但是，从监管层一连串"精确制导"所释放的信号，倡导什么、警示什么、反对什么，含义已经非常清晰。政府和社会以及大部分企业正在达成一个历史性的共识——如果不进行向着生产性、正当性方向的调整，不从"富起来"迈向"正起来"，继续让玩资产套利、玩寻租牟利、玩金融杠杆、玩资本游戏的逻辑大行其道，大获其利，对从事生产性活动的企业家来说，就是一种残酷的惩罚。

生产性创新很不容易，要呕心沥血，要专心致志，即使成功也很容易被"搭便车"和"模仿"。假如还没有制度保障和政策引导，踏实创造的人们就很容易感到沮丧，甚至会放弃主业，也转到炒买炒卖的路径上去。

大信心：开放造就中国复兴

最近研究中美商业文明，最深的一个体会是开放的重要性。开放一定会带来问题，但正是问题意识驱动了变革，驱动了进步。沾沾自喜、盲目乐观，看不到问题，才是最大的问题。

杰克·戈斯德通[①]在《为什么是欧洲》一书中提出，几乎欧洲早期的技术进步都是受追赶亚洲先进技术激励的结果，无论是钢材、棉布、瓷器、船只还是铸铁，1500年的欧洲都只能梦想去生产出接近于亚洲质量的产品。为了实现这些梦想而付出的努力，最终产生了机器发明，使欧洲追上并超过了亚洲。

欧洲在15世纪到17世纪的两三百年间，爆发了海外探险殖民热，走上了开放、开发、征服之路。在发现新世界和艰难拓荒中，人们提出了很多根本性问题，涉及地理学、地质学、生物学、航海动力、天文学、医学、政府本源、经济本质等。无数问题逼迫欧洲的知识分子们试图找到问题的本源，希望以一种机械式的观点来理解这个世界。如果说文艺复兴时人们希望在过去的圣人那里得到答案，在启蒙运动时，人们强烈需要提出一种新的学问和世界观，"需要以观察、实验为基础，能够反复验证、预测、更牢靠的知识"。在强烈的社会需求

[①] 杰克·戈德斯通（Jack Goldstone）美国历史社会学家，乔治梅森大学公共政策学院讲座教授。代表作有《早期现代世界的革命与反抗》《国家、政党与社会运动》《为什么是欧洲》等。

下，1687年牛顿出版了《自然哲学的数学原理》，开启了现代科学革命，带给欧洲人一种全新的世界观，即把世界理解成像钟表一样机械的、可预测的、由原理和定律来控制的世界。在这一认识基础上，方方面面的知识革命都开始了，最终也孕育出工业革命。

反观中国，郑和七下西洋（1405～1433）的时候，明朝有全世界最大的海军，7次航海共有240多艘海船、27400多名船员出航，而1492年开始的哥伦布的4次远航，一共只有30艘船和1940人出航。郑和的船队比哥伦布先进得多。遗憾的是，郑和远航时，明王朝认为中国无奇不有，远航也是"且欲耀兵异域，示中国富强"。朱元璋沿用元朝开始的海禁政策，禁止中国人到海外经商，也限制外国人到中国贸易（进贡除外），到永乐年间，只放开朝贡贸易，私人仍不准出海。所有这些禁止性的政策，虽有防范倭寇的自我保护作用，却把中国牢牢封闭起来，还自以为是天下最不会有问题的地方。

历史启示未来，只要开放，只要勇于探索和实践，就会有挑战和问题，但也一定会有新知识的产生，社会就是在新知识的驱动下向前发展的。

今天我们对于中国复兴的信心正在于此。虽然中国经济尚有问题，有些症结的克服也非一日之功，但中国有一种非常开放、富有弹性的基础性结构。多元并存的结构，从根本上避免了单向度"押注"；多种标杆和尺度的比较，又能创造出从更多维度去学习别人和审视自己的机会；残酷的竞争，则让中国消费者成为最大的受益者。

因此当我再一次回望2017年的中国商业图景的时候，我所看到的风雨不仅没有动摇我对未来的信心，反而加强了我在更大时空中，在基本结构上对未来的信念。

　　我相信所有学费都不会白交，我相信中国经济的法治化程度会越来越高，我相信我们有自我反省和审视的能力，我相信一个开放、弹性、有韧性的结构能让中国走得更远。只要不自乱阵脚，一定能激发出更多力量，创造出更多价值。一个中国公司去掉杂质后的"新黄金时代"可能正在走来。

两个农民和他们的世界500强

与美国不少世界500强企业的总部都在小镇上不同——比如沃尔玛在阿肯色州的本顿维尔，肯德基在肯塔基州的路易斯维尔，宝洁在俄亥俄州的辛辛那提，通用电气在康涅狄格州的费尔菲尔德，IBM在纽约州的阿蒙克——中国500强企业的总部基本都在大城市。

2017年《财富》世界500强，中国企业有115家。我数了一下，56家的总部在北京，其次是上海、深圳、台北、香港这样的一线大都会。上海6家中有一半也是中央企业（交通银行、宝武钢铁、中国远洋海运）。再往下，是省会和副省级城市（如厦门）；到了地级和县级市，500强企业已屈指可数，而且和本地的资源禀赋高度相关，如邢台有冀中能源，阳泉有阳泉煤业，长治有潞安集团，晋城有晋城无烟煤矿。

但在中国县区一级的城市中，还是有4家500强企业，闪耀着企业家的光芒。它们分别是张士平开创的魏桥，沈文荣开创的沙钢，何享健开创的美的，杨国强开创的碧桂园。

何享健和杨国强来自同一个镇，广东顺德的北滘（jiào）。北滘古称"百滘"，意为"百河交错、水网密集"，全镇面积90多平方公里，户籍人口十几万。

顺德隶属佛山市。在2017年6月在佛山表彰企业家的大会上，佛山市委书记鲁毅说，美的、碧桂园等知名企业都愿意把总部留在佛山，这样的信任，我们万万不可辜负。

在中国，一个镇上有两家世界500强企业的总部，唯有北滘。

何享健：人才+机制+分权+交班

1942年，何享健出生于北滘一个农民家庭，高小毕业后就辍学务农，后来到工厂当学徒，当工人，当出纳，当公社干部。1968年，他和23位居民以借款方式每人出资50元，再多方筹措，共集资5000元，在不到20平方米的一块场地上办了北滘街办塑料生产组，他任组长。

当时生产组主要是将回收的尼龙纸、塑料布等废旧塑料拿来生产塑料瓶盖。由于机械简陋，离不开手工操作。用手扳压塑料瓶，反作用力很大，受到外力而弯折的塑料瓶常常打到工人脸上，甚至把牙齿打掉。后来又生产玻璃瓶、皮球、刹车阀、橡胶配件等。20世纪70年代中后期，何享健经常带着产品坐闷罐火车北上跑业务，早上喝碗红糖水，晚上睡在车站，怕差旅费被人偷走，就藏在鞋子里。

这样艰辛的创业故事，在中国民企中并不稀罕。何享健了不起的地方，是在用人方面很有前瞻性，"60年代用北滘人，70年代用顺德人，80年代用广东人，90年代用中国人，21世纪要用全世界的人"，这是他的口头禅，2004年胡锦涛到美的视察时他也是这样汇报的。

1984年，美的就在广东全省招聘人才，1985年引进第一对外地的技术员夫妇。能不断吸引高素质人才，让他们发光发热，建功立业，而不是固守在本地人、家里人、自己人的圈子，这是美的在顺德家电群雄中最终一骑绝尘的关键。

1993年我去美的采访，是因为1991年美的招募了华南理工大学热能工程专业毕业的一位博士，当时这是顺德乡镇企业中第一个博士。查阅那时的文章，美的的"二把手"说过这样一段话：

> 1968年最早几个人起家之时，纯粹是谋生目的。在一个小手工作坊里生产塑料瓶盖，那不需要什么技术。70年代后期开始生产汽车汽动阀门、发电机，后来生产电扇，充其量也只请了广州的一个六级钳工来当师傅，算是"借脑袋"。到80年代中期风扇改型，变成全部塑料原件，开始注重技术问题了，自己要"换脑袋"，于是吸收了一些退休技师等。再往后，风扇市场饱和了，大家互相抢市场，创造新市场，逼得你不仅要"买脑袋""换脑袋"，还要"买大脑袋""换新脑袋"。没有科技人才，科技开发，眨眼间你整个水平都要落后，甚至被淘汰。现在光一个顺德就有15家空调厂，全广东有三十几家，空调大战耗资巨大，没有技术保证是根本不敢上阵的。从请六级钳工做工程师，到挖来广东数家大企业的技术厂长，到招来博士，这条道路不容你不走，走得越快越能在市场上领先一步。

人才需要舞台也需要激励。在私营经济还得不到承认的年代，美的也戴着"乡镇企业"的红帽子，北滘镇政府的经济发展公司是第一大股东。有一次何享健要提升管理团队待遇，从年薪十万提高到三四十万，镇里不同意，说"一个保卫科科长的工资比公安局局长还高，这绝对不行"，深受刺激的何享健意识到，如果不改制，不按照市场化规则运行，员工利益、职务薪酬等问题都无法解决。他说："如果这些问题我都做不了主，怎么管理，怎么留住人才？"

90年代初，何享健和顺德市（现佛山市顺德区）领导去韩国考察，对比中韩企业后得出一个共识，竞争性的公有企业如果不改革，企业负盈，政府负亏，总有一天要出大问题。因此当1992年国家开始推动股份制改革试点时，他四处申请，终于争取到顺德唯一的试点名额，美的成为全国第一家完成股份制改造的乡镇企业，并在1993年在深交所上市，2011年又成为第一家完成管理层收购的上市公司，北滘镇政府完全退出。在更加自由、自主的体制推动下，美的上了一个新台阶。由于企业超预期发展，按照股权激励方案，美的董事长方洪波的股权到今天已价值数十亿元。

何享健也是民企中最敢放权、"去家族化"最彻底的企业家。1996～1997年美的遭遇创业以来的第一次业绩下滑后，何享健认为集权管理体制有问题："每天都开会，有看不完的文件和签不完的字，员工已经1万多人，所有部门都向我一个人汇报，这么大个企业，效率越来越低下！"他借鉴国外的事业部制，开始进行分权改革，新设事业部的总经理一开始不适应突如其来的巨大权力，审批一个几千万元的生产计划项目自己就可以做主，去问何享健，他回答："在你的权限范围内，你自己拿主意。"

分权当然不是只放不管，1998年美的制定的《分权手册》长达70多页，股东、董事会、经营团队"三权分立"，事业部高度自治，总经理自行组阁，但业绩不达标整个团队要集体辞职。"集权有道，分权有序，授权有章，用权有度"，这16字方针奠定了美的的公司权力原则，至今不变。在突出分权的体系之下，美的的职业经理人拥有高度的经营管理权。何享健更在2009年先将上市公司董事长一职交给方洪波，2012年再将整个美的集团的董事长一职交给方洪波。美的彻底迈入职业经理人时代。

何享健在家里不谈公司的事，儿子不在公司任职，1993年妻子就离开美的。作为23位创业者之一，她当时只是在做普通的仓库管理工作。

杨国强：分享机制+博士军团

前不久和一位资深的地产界高管交流，他当过多年金地的董秘，现在福晟集团当副总裁。他问我更看好哪家房地产公司，我说万科和碧桂园，他说："你不觉得碧桂园更像华为吗？他们已经有几百个博士了，而且老板和任正非一样低调。"

我查了下资料，碧桂园2017年上半年合同销售金额已经位居行业第一（按权益所有人应占的合同销售则居第二）。但更令人吃惊的是，根据碧桂园副总裁朱剑敏的说法，碧桂园目前已拥有超过100名博士，主要集中在新材料、智能家居、工程建筑等领域，2017年计划新招300名博士，其中200名直接在海外招聘，以推动海外战略的发展。有几位加入碧桂园不过两三年的博士已经成为区域总裁。据说碧桂园内部有一个目标，一两年内要实现超过100名博士成为项目总经理、区域总裁或更高级别的管理者。目前，碧桂园还在与顺德区沟通，希望能在北滘建一座博士大楼，并配备人才公寓和科研场所。

杨国强是地地道道的农民，1954年10月出生在北滘镇广教村。母亲连自己的名字都不会写，也没什么人知道她。所以1997年杨国强建立第一个慈善基金用于资助贫寒家庭的孩子时，就用了母亲的名字"仲明"。

杨家赤贫，杨国强直到十七八岁没穿过鞋子，没吃过糖果，用他自己的话说"没试过自己亲手花两分钱"，衣裤都是兄长穿旧的和香港亲戚穿旧寄来的。念书后，为省7分钱饭钱，中午放学要走一个小时回家吃。尽管这样，高中时由于交不起7元钱学费，杨国强还是退学一年回家放牛。后来学校免了他学费，还给了他2元钱助学金，才又复学。杨国强说这是他"一生最重要的2块钱"。他酷爱读书和思考，18岁中学毕业在家种田，还是到处找书看，到废品收购站买旧书看。

1986年，杨国强当了北滘建筑工程公司的总经理。说是总经理，实际就是包工头。后来公司改制，他和几个拍档出资进行了管理层收购。1992年，因为承建的一个项目收不到钱，项目方就让杨国强卖房子，以销售款核销工程费。他就这样进入了房地产。25年后，碧桂园一共进入了400个城镇，为300万业主提供了"五星级的家"。

我这里并不是要讲碧桂园的成长史，而是要回答一个问题，碧桂园最近几年何以跻身中国房地产的第一行列？

最简单的回答，还是机制和人才。

之前，碧桂园通过在2010年引进中建五局原总经理莫斌为代表的职业经理人，打破乡族化、本地化的高管结构，已经取得了一定成效。但在杨国强看来，通过参与分享来激发人的主观能动性，这种制度上的突破比光是固定的高薪更重要。

2012年和2014年，碧桂园"双享机制"先后推出，即成就共享和同心共享，相当于1.0和2.0版本，其核心在于让经理人入股跟投项目，利益捆绑贴身，成为合伙人，一开始核定基准利润指标，超额利润进行分红。

从2012年起，碧桂园已经有三四百个项目引入了合伙人。2012年，碧桂园一年销售476亿元，现在一个月就可能超过这个数字。2012年，很多经理人还将信将疑，到年底，有人发现竟拿到几千万元的收入，怀疑是多打了一个零。当杨国强告诉他这是根据业绩和超额分红的结果时，这件事就像商鞅变法一样，一下子取得了"立木建信"的效应。2016年，碧桂园收入最高的区域经理人获得了1亿元左右的报酬。不少经理人抵押自己的房产参与跟投，工作热情就像打了鸡血一样。

碧桂园总裁莫斌说，碧桂园能走到今天，是因为有"四好"——好老板，杨国强是一个舍得和分享的老板；好平台，碧桂园是一个透明公开、公平公正、实现自我价值的平台；好团队，碧桂园管理上有层级，但在解决问题时不设层级，大家一心把事情做好；最后，就是好机制。

因为工作缘故，我很早就采访过何享健和杨国强，并有过深入的交流。在他们身上，顺德人低调务实、敢为人先、追求品质的特征体现得非常鲜明。他们也有差异，何享健放得更开，被称为"中国家电业最潇洒的老板"，下班回家，不再离开，晚上从不工作，还经常打球。杨国强抓得更紧，现在他还喜欢审图纸，弄户型，搞园艺设计，天天晚上阅读，乐在其中，不休不止。

他们还有一个共性，就是热心慈善。

2017年7月25日，何享健公布了60亿元的慈善捐赠计划，捐出其持有的1亿股美的股票和20亿元现金，其中5亿元设立了永久存续的慈善信托。而杨国强自1997年起已经捐出了30多亿元，他捐建的全免费慈善学校——国华中学和国良技术培训学校，在慈善教育培训领域享有很高声誉。

在商战中，曾经有过"可怕的顺德人"的说法，而从何享健和杨国强的经历来看，顺德人、北滘人又是多么可爱和可敬！但最重要的是，从不起眼的镇办小企业到世界500强，在充分竞争的市场上造福消费者，显示的是中国民营经济和企业家的力量。洗脚上田的普通中国农民，只要给他们阳光雨露，有平等参与、自由进入的机会，就有可能创造出不可思议的成就，汇入推动国家富强的浩浩洪流。

乌镇饭桌上的"双超"格局

2017年底的乌镇互联网大会，人们记忆最深的是"饭局"①上食客的分布和座次。饭局被炒得轰轰烈烈，虽然很有娱乐性，也让这些平日里高高在上的业界大佬们更有了一丝烟火气。但几顿普普通通的饭，被解读出如此丰富的意义，想必是每个食客都不愿看到的。

不过，凡事必有因果，几顿饭的含义之所以被反复挖掘，的确又是因为饭局折射出中国互联网的格局与时局，因此注定会在历史上留下意味深长的一页。

BAT演化为"双超+多极"

2017年，腾讯和阿里市值的巨大提升，以及它们在线上线下的强大影响力、渗透力和惊人的扩张力，使BAT格局事实上已不存在。腾讯和阿里已成为中国互联网的两大超级体系；其余诸雄，也即在丁磊饭局或东兴饭局中有一席之地者，基本属于多极中的一极，或称"第

---

① 2017年12月3日至5日，世界互联网大会在乌镇召开。期间，丁磊、刘强东和王兴、姚劲波等人相继组织饭局。

二世界"；未上桌的，大体属于"第三世界"。而这年饭局的最大看点，则是没有哪一局邀请了马云。

两大超级体系，都是超大、超强、疆域超宽，但彼此有何不同呢？

阿里生态类似"日不落帝国"。在世界历史上，有两个国家即西班牙和大英帝国扮演过这一角色，即在七大洲都拥有"殖民地"。今天的阿里希望构建一个永不落幕的全球买、全球卖、全球汇、全球付、全球运、全球游的商业帝国。

腾讯生态则类似1949年成立的"北约"（北大西洋公约组织）。体系成员是独立国家，但美国是他们共同的坚强后盾。腾讯扮演美国的角色，依靠超强流量和让大家服膺的软实力，推动"北约"不断扩张。

马云未必认同上述归纳，马化腾则所见略同。他在2017年《财富》广州年会上谈到，阿里和腾讯都提出赋能，但含义有不同。"最终格局是要看被赋能者的安全程度。在一个中心化的生态中，被赋能者的渠道、利润都被中心所掌控，命运百分百掌握在中心手上。腾讯推的是'去中心化的赋能'，我们不会把柜台出租给你做生意，而是你自己建房子，建完之后就是你的了，你的粉丝、你的客户就是你的，不需要再交月租，更不用说每年涨价，这就是去中心化的赋能。"

两位和腾讯、阿里都没有股权关系的80后互联网公司领导人给我提供了一些新的看法：

"阿里和腾讯的风格是由它们的商业模式所决定的。腾讯收入的核心是游戏，游戏的核心是创造力，维持创造力的关键是让创业者主导他所创立的公司，所以腾讯的投资习惯就是不追求强控制，而是占小股，让公司创始人继续感到公司是他的。否则，把公司控制了，人没了，就什么都没了。而阿里最强的是运营能力和文化一致性，而且电商平台优势一旦形成，下面不管谁走都没有关系，所以阿里习惯于强控制也是对的。"

"阿里给人的印象是强控制，但就个人来说，马云是深通人性的大师，对手下很大方，对朋友讲义气。马化腾也很大方，很有胸怀。他们的格局都够大。"

"也很难说腾讯就是不追求强控制的，在内容领域腾讯的布局和投资非常广、非常深，很多游戏公司背后都有腾讯的影子，腾讯又有最大的游戏分发平台，游戏公司对腾讯的依赖性也很强。只是在自己不擅长的领域，腾讯放弃了强控制，但通过流量的连接，和伙伴之间仍是强关系。"

"在互联网上半场，战场主要在线上，轻资产模式流行，目标是将控制范围最大化，然后当庄家。但在线上红利越来越少、每年网民新增速度只有个位数的时候，相当于'赌场'里进来的人越来越少，庄家就必须开新的场子，走到线下，进入线下零售、交通等行业。这时的大趋势就不是资产越轻越好，而是轻重一体化，甚至资产越重越好、控制得越紧密越好。控制力越强、关系越紧密，庄家才越有动力把线上的数据资产和运营能力注入线下，提升其水平。从这个角度说，阿里的模式比腾讯好。京东的模式可能比阿里好，因为它更重，更利于控制。阿里也是痛感物流体验的差距，2017年才说要投资1000亿元在物流上，自己建各大区域的大仓，再参股物流公司也会追求较高的股权，否则保证不了话语权、控制力和用户体验。"

从"双超"的战略看，马云的战略是打造商业基础设施，是履带战略，从电商到金融到云计算到物流，像坦克车的履带一样依次开动。马化腾的战略是"两个半"，一是做通信社交，二是做数字内容，"半"是"互联网+"，靠生态体系里的伙伴去做。但战略也不是静态的和绝对的，比如腾讯生态中，京东做商品零售，美团做服务零售，马化腾还不满足，又要重金入股永辉超市，为的是对抗以盒马鲜生为代表的阿里新零售。随着"互联网+"的深化，腾讯也在越来越深地介入重资产领域。

说到乌镇饭局，马云肯定不在意。但作为一个强控制体系，阿里生态里要找出像京东、美团、滴滴、搜狗、58同城、快手这样一桌生态伙伴，倒也真不容易。如果不是伙伴，而是召集"下属"吃饭，这个意思就不大了。当然，如前面所分析的，这是不同战略和模式的问题，并不是是非和对错问题。

简言之，腾讯为何有局？因为半条命在局里。阿里为何无局？因为一切尽在掌控。

"双超"之争是中国互联网的福音

阿里和腾讯都过了18岁成人礼，在互联网领域算老公司，但创新活力、冲击力和增长能力不仅没有下降，还在蓬勃上升。这一"双超"体系的存在，对中国互联网意味着什么？

我的观点是，虽然"双超"的支配性地位对后来者是一种抑制，但"双超"之争则是中国互联网的福音。如同武林争霸，两个最强的人在打，比一窝蜂都在打，打的质量肯定更高。幸好"二马"各自占据一超，独霸才是真麻烦。

作为过去20年中国互联网的"绝代双骄"，腾讯和阿里正在成为整个经济与生活的新型基础设施，他们修的"路网"具备今天最重要的能力，也就是数据化的赋能能力。这种新设施、新能力牵引无数人和无数企业前进。中国创造AT（阿里巴巴和腾讯），AT引领中国。

而"双超"之争虽然到处硝烟弥漫，条条战线都在对峙，步步紧随，寸土不让，但还是恪守了一定竞争分寸和商业伦理底线。

马云说，腾讯是一个伟大的企业，在不到20年的时间内，能够靠创新发展，令人敬佩。"我会和他们竞争，但我们不恨他们，而是要尊重竞争对手。"

而马化腾说，腾讯和阿里可能在十多个地方有竞争，好处是正常合理的竞争可以促进发展、激发企业潜能和斗志。

但对消费者来说，"二马"竞争越多越好。后起的微信支付挑战支付宝的结果，是整个无线支付更快更好的普及。

从资本市场角度，"二马"竞争也停不下来。阿里和腾讯今天的市值已经进入世界十大公司行列，且估值水平高于苹果和谷歌，这意味着投资人对其未来现金流折现的水平有更高要求。怎么能停得下来？一旦发现机会怎么可能放弃？

其实，不只是"双超"在竞争，在很多战线上，他们还要和同辈及年轻一辈竞争。在游戏方面，马化腾要和同年同月生的丁磊竞争，在信息流方面，要和年轻十几岁的张一鸣竞争；马云呢，不仅面临着小他10岁的刘强东不屈不挠的强有力竞争，小他15岁的王兴也凭借着有穿透力的商业思维，开始向全球最大生活服务平台的方向前进。

因为竞争，谁都停不下来。谁都要千方百计为用户创造价值，用户也因此而受益。

马云说，垄断没那么容易："我每天都睡不好，每天都在担忧阿里巴巴掉队，我觉得要时刻保持忧患意识。"

马化腾说，互联网是个变化很快的行业："我最深刻的体会是，腾讯从来没有哪一天可以高枕无忧，每天都如履薄冰，始终担心某个疏漏随时会给我们致命一击，始终担心用户会抛弃我们。"

53岁的马云和46岁的马化腾至少还有相当长时间脱不掉"红舞鞋"。但希望在面向不确定的未来的激烈竞争之余，他们能时不时让自己松弛一下。

马化腾给人的感觉是从不休息的，他说他的近视程度都加深了。但在心态上，从3Q大战至今，因为开放，他的战略焦虑其实是不断缓解的。他这样表述自己的价值主张："这个新时代，不再信奉传统的弱肉强食般的'丛林法则'，更崇尚的是'天空法则'，天高任鸟飞，所有的人在同一天空下。决定能否成功、有多大成功的，是自己发现需求、主动创造分享平台的能力。"

和马化腾相比，马云早就不担任CEO，所以超脱一些，但他仍是天南地北全世界跑个不停，讲个不停，既展示了气吞万里的愿景，也说明他时时也在焦虑之中。马云多次讲到回归初心，就是要帮助中小企业触达消费者，帮助小企业赚到钱，帮助他们用技术提高效率。他也讲到要有围棋思维，围棋是每一步你下的时候你得利，但下一步对手下也得利，只是多一点少一点的问题，不是谁全拿，让对方什么都没有。能回到初心，能在竞争中践行围棋思维，则阿里会更专注也更放松。

企业家的时代性和约束性

我在《当阿里和腾讯成为一种基础设施，它们会通往哪里》①《这一次，让我们感谢时代的恩典》②等文章中，将"二马双超"看成一种历史性的、世界性的标杆，认为他们在相当长时间内难以被超越。

2007年，《福布斯》推出美国历史上15大富豪排行榜。我发现，有5位出生于19世纪30年代——马歇尔·菲尔德（百货，1834）、弗雷德里克·韦尔豪泽（林业，1834）、安德鲁·卡内基（钢铁，1835）、杰伊·古尔德（铁路，1836）、约翰·洛克菲勒（石油，1839）。美国历史上最有名的金融家J．P．摩根也出生在这一时代（1837）。这一现象我称为"无法超越的19世纪30年代"。美国的"1830后"赶上了南北战争后统一市场形成、第二次工业革命、经济由大到强的黄金机遇期。石油、钢铁、交通在那个时代就相当于今天的数据和互联网。他们中的佼佼者洛克菲勒和卡内基至今仍是美国历史上无法超越的第一和第二大富豪。

我还发现，当时的美国相比欧洲，更加开放、包容和稳定，构成了对企业家的吸引力。法国的杜邦家族是在法国大革命中死里逃生移民美国的，德国的韦尔豪泽家族是1848年欧洲革命冲击德意志后于1852年移民美国的。

中国企业家是否遇到了类似美国19世纪30年代那样的机遇？是

---

① 秦朔：《文明寻思录第二辑：中国新商道与商业新未来》，浙江大学出版社2018年版，第140页。

② 秦朔：《这一次，让我们感谢时代的恩典——当腾讯成为全球第5大市值公司》(2017-11-22).[2017-12-11].https://mp.weixin.qq.com/s/o1rOhNSG3BwM3bj5BwBhPQ.

的。如果从互联网企业家来看，这就是20世纪六七十年代。目前排在富豪榜前列的马云（1964）、马化腾（1971）、王卫（1970）、李彦宏（1968）、丁磊（1971）、张志东（1972）、刘强东（1974）、雷军（1969）、史玉柱（1962），都是60后、70后，他们都排在胡润百富榜前30位。曾经的中国首富陈天桥生于1973年。在中国互联网投资方面最有建树的沈南鹏（1967）、张磊（1972）、包凡（1970）也全在这个代际。中国80后正在诞生新一批的互联网领军人物，但要想达到阿里、腾讯那样的地步几乎是不可能的，特别是考虑到马云、马化腾在公司所占股权只有8%左右的情况下就拥有如此多的财富，更可见两家公司创造的价值是多么宏大。他们类似于历史上洛克菲勒的石油公司和卡内基的钢铁公司。

时代造就了他们——这是改革开放、全球化、技术创新的时代，社会稳定太平的时代，互联网企业家被中国人口红利赋能的时代，财富可以资本化的时代，政府包容的时代。和传统产业受到更多行政管制、垄断影响和重重束缚相比，互联网是年轻的战场，是民营资本的战场；而且，因为"运动员"比"裁判员"专业，所以在某种程度上，"运动员"可以影响"裁判员"，制定有利于自己发展的行业规则。

如果中国互联网企业家能够深切地意识到自己很可能生于几千年、几百年、几十年来最幸运的代际——白手起家，清清白白，却能创造出影响力无远弗届的无限伟业——他们势必会倍加珍惜时代、行业、用户和自己，势必会减少自我膨胀的程度。不是这样的时代，这样的行业机遇，这样的人口红利，会有互联网企业们的今天吗？

我这样说，丝毫不是要贬低企业家精神、个人天赋和努力的重要性，而是希望提醒无比幸运的互联网领袖们：如果不放下自己，放低自己，放空自己，是消受不了这么大的"福分"的。当年的洛克菲勒和卡内基是临近晚年，在政府反垄断和社会反强权的压力下，通过基金会方式散财，才找到心灵安宁的。历史上有很多教训，那膨胀起来的自我如果不好好消化，用之于有意义和社会价值的地方，就会发泄到一些原本不应该发泄的角落，从而被政府和社会所反感，所抑制。企业家拥有如此之大的影响力和动员能力，应常怀敬畏之心，常念自我约束，为自己赢得更多的自由与空间。

最强大公司的烦恼：在内与外的不确定中寻找平衡

"二马"的隐忧

坐拥5000亿美元市值，腾讯的掌舵者马化腾最大的担忧是什么？

前些年他说："越来越看不懂年轻人的喜好，这是我最大的担忧。"

用户的需求和喜好瞬息万变，95后、00后人群的需求是什么？"包括微信，没有人能保证一个东西是永久不变的，因为人性就是要不断更新，可能你什么错都没有，最后就是错在自己太老了。"

在扑朔迷离的变化年代，这一句"错在自己太老了"，成了不折不扣的金句。

然而，经历了2017年的"王者荣耀"风波以及数字内容监管的从严从紧，马化腾会不会有一些新忧虑？

作为中国企业家群体中最具世界声誉的一位，马云最大的担忧是什么？

网上有一句真假莫辨的"马云说"——"我担心我们这么努力，最后所挣的钱都是医药费。"

而从公开讲话看，马云最大的担忧可能来自支付宝。2015年冬季达沃斯论坛上，他对美国脱口秀主持人查理·罗斯说了这么几段：

> 对电子商务来说，最重要的就是信任。最开始（创业的）三年，阿里巴巴只不过是信息交换的在线市场，看看你有什么我有什么，双方谈了很久但却迟迟不能交易，因为无法支付。

> 我也跟银行谈过，但银行都不愿意做，觉得这肯定做不起来。因此，我也不知道该怎么办。因为如果我自己做支付体系，这是违反中国金融法律规定的，我没有执照，但我如果不做，那么电子商业就没有前途。

> 当时我来到了达沃斯，听了许多人对领导力的阐释，领导力也意味着责任，在听了那场讨论之后，我立刻给在杭州公寓里办公的同事打电话："现在就开始做，如果将来要有任何的问题……我马云愿一力承担。"

2013年，当时的支付宝总裁邵晓峰说，支付宝在中国诚信体系的建设中扮演了十分重要的角色，这是阿里巴巴集团高层在内部讨论时基本达成共识。支付宝诞生后的主要压力，是能不能健康地活下来。可能谁都没想到，今天，支付宝已如此强大，中国移动支付更在全球遥遥领先。

但马云的担忧，可能丝毫未减。

在最近关于"网联"和"无现金社会"的众声喧哗中，这个一年内在天上飞了800次、奔波在33个国家和地区、公开演讲差不多100场的超人，一直沉默不语。

以支付宝为基础的蚂蚁金服就像马中赤兔，很明显，今天有一种力量试图使它易于控制一点，看得清楚一点。

可是，有一些深刻的变化，虽然很微妙，还是在发生。

变化的核心，是新经济领域的制度性交易成本开始提高。

观察中国经济的历史，会发现，那些蓬勃发展、具备新动能的经济，除了拜技术创新之所赐，在很大程度上要倚重较低的制度性交易成本。不过，"低"不是一劳永逸的，从"低"到"高"是会变化的。

制度性交易成本是一系列和市场准入、行政许可、监管规制、政策调控、监督检查等相关的成本，是企业自身努力所无法降低的。新经济因为"新"，原有的法律、规制、调控工具少，所以制度性交易成本天然就低。而在诸如传统产业改造、实体经济转型等领域，因为企业附着在较高的制度性交易成本上，要转身，要脱胎换骨，总是举步维艰。

直到今天，政府强调的重点仍是"大道至简"，顺势而为，不用"老办法"管制"新业态"，但有迹可循的是，原来处于制度性交易成本"洼地"的那些领域，具体管制正在添加而不是减少。有的添加可能是临时性的，有的则具备结构化和长期化的特征，后者强调的重点，往往不是最高的效率，而是要调和不同人群的差异。以现钞问题为例，政策底线是那些"技术弱势群体"也能得到普惠待遇，哪怕这种待遇加强了对传统路径的依赖。

这就是我们的现实社会。对支付宝来说，可能并没有别的错误，只是错在跑得太快了。而公共政策不仅是关于创新与效率的安排，也是关于社会均衡的安排。如果制度性交易成本的提高乃至刚性化有助于社会均衡，那为政者就会坚持下去。

马云可能并不担心阿里自身的创新能力，但他一定在思考，今天阿里所面临的不仅是奔跑的问题，还有场地、跑道、裁判、观众和风向等问题。

长大很不容易，长大以后更不容易。跑得慢会被吃掉，跑得太快可能有更大烦恼。

产业调控危机中的另一个企业家

张士平，山东魏桥创业集团（下称"魏桥"）董事长，生于1946年。他从十几岁到一个油棉加工厂推车、扛棉包，奋斗成长，1981年开始当厂长。他领导企业在所进入的三个领域——棉花加工、纺织和铝业都做到了全国第一，纺织和铝业还是世界第一。魏桥产的牛仔布遍布全球，铝板则支持了苹果手机壳体铝材的90%。

吴官正担任山东省委书记时说："山东有'两张'，东有张瑞敏，西有张士平，都做得很成功，很了不起。"2015年，《财富》杂志评出的"年度中国商人"就是张士平。

2017年世界财富500强中，魏桥排第159位。在魏桥自己的企业官网上，2016年魏桥实现销售收入3750亿元，利润133亿元，上缴各级税金80亿元。魏桥的铝业板块资产、在香港上市的中国宏桥，2016年未经审核的收入为613.96亿元人民币，利润为72亿元。

张士平，这位被《财富》杂志称为"斗士"的企业家，遭遇了怎样的危机？

根据国家发改委、工信部、国土资源部、环保部四部委办公厅联合发出的《清理整顿电解铝行业违法违规项目专项行动工作方案》，山东省发改委在2017年7月24日印发了有关通知，责令魏桥和信发①关停电解铝产能321万吨。

文件说，魏桥违规建成电解铝项目5个，违规产能268万吨；信发违规产能53万吨，"对以上违规电解铝项目，由滨州、聊城市人民政府负责于7月底前关停，同时分别停运相应规模煤电机组（不含已纳入2017年及以前年度淘汰关停机组）"。

世界铝王，民企翘楚，巨大的违规产能，关停，这一切混合在一起，要梳理出眉目，颇为不易。

在新浪财经等主办的"2015十大经济年度人物"颁奖礼现场，张士平的发言令人感动不已。他说："我在农村长大，深深感受到一个农民要想参加工作是非常非常不容易的，特别是（20世纪）80年代当厂长后想扩大生产，招几个工人，有几千人夜里排队报名，让我受到很大震撼。山东1982年到1985年棉花大丰收，出现严重的卖棉难，我亲眼目睹农民为了卖一车棉花，排队十几里，三天三夜还卖不掉，心情很沉重。我们就想尽一切办法来扩大生产，纺纱、织布、印染、服装、家纺，办了很多劳动密集型项目，随后又干了铝业，安置了16万名职工，2015年我们的纺织普通工人工资平均是46600块钱，16万名员工15万名是农民工，相当于一年向农村转移资金70多亿元，极大带

---

① 山东信发铝电集团，是一家集发电、供热、氧化铝、电解铝及铝深加工等产业于一体的大型企业。

动了农民的致富，我认为这是我最大的贡献。我最大的梦想和责任就是想尽一切办法，让16万名员工安全劳动、快乐工作、幸福生活，家有所居、老有所养、病有所医、子女有学上。"

通过独特而完整的保障体系，上述四"有"，魏桥基本都做到了。如果说把农民变成产业工人和城市居民，体现了张士平的爱心，那么在市场上，他则是一个永争第一、令竞争对手望而生畏的名字。

张士平的法宝很简单，就是降低成本、提高效率和扩张产能，他认为做企业如卖青菜，都是"低买高卖，中间不浪费"。他善于并购低迷的国企，不断新增生产线，严格采购，严明管理；他在非洲开采极廉价的铝土矿石，从山东地方政府那里得到土地和税收支持，自建电厂，孤网运行，因而拥有比国家电网便宜三分之一以上的电力（这是电解铝最主要的成本）；他不仅构建起从铝矿石到铝加工垂直一体化、"铝水不落地"的产业闭环，而且引进最先进的生产设备和技术，在环保方面做到世界领先。

无论纺织还是铝业，全球的供给都严重过剩，而魏桥却在这里成为"红海之王"。2014年魏桥超过俄罗斯铝业联合公司，问鼎全球最大铝制造商，高盛报告称，中国宏桥是全球铝业中少数可以维持利润者，甚至是唯一一家还在赚钱的公司。也是在2014年，中国铝业亏损162亿元，成为A股"亏损王"。

2017～2018年，回顾这一年中，中国宏桥在香港被做空、3月22日停牌，到7月魏桥被关停电解铝产能268万吨，究竟发生了什么，难道又是错在自己太"强大"了？

强大的企业有时也很脆弱

但是当"强大"变成一种错误，我们又必须仔细分析，到底"错"在哪里？

本质上，时移世易，中国今天的发展环境不同于以往了，而张士平扩张的"刀"还和原来一样锋利。

张士平最早做油棉加工时，棉花受到严格管控，生产规模无法扩大，他在同行中第一个出去收购大豆、花生、棉籽加工油料，三年后企业成为全国棉麻行业利润第一。但在今天，中国希望超越那种简单规模扩张的重化模式。在全行业一枝独秀，只有你能赚钱的时候，这种一荣九衰的"卓越"反而会成为负担。

因为志在扩张的"当第一"的文化，某些畸形的动作也就难免。中国宏桥过去不到两年时间里，更换了德勤和安永两大著名会计师行，这是业内少见的。根据宏桥的说法，和德勤是因为审计费用谈不拢。安永则是因为在2016年11月、2017年2月中国宏桥遭遇沽空后，致函要求就沽空质疑问题进行独立调查，而宏桥方面并不认同独立调查，双方无法达成共识，安永辞任。

做空机构在沸沸扬扬的"中国宏桥沽空报告"里到底说了些什么呢？核心是质疑其显著高于同业的利润有虚报成分，而这种虚报又来自发电、氧化铝等部门和上市公司间的关联交易，此外还有对财务数据的质疑。

当我想到71岁的张士平拼尽一生拿下两个"世界第一"，想到这个尊敬王永庆而不钦佩李嘉诚、绝不进入房地产和期货领域的实业家的传奇，想到这个受到过无数委屈，依然不放弃不抛弃的民企英雄的命运，我看到的是我们民族在经济崛起年代的伟大力量。

中国正在发生深刻的商业环境变迁、商业价值重估和商业价值观重塑。在新发展理念和新型政商关系下，过去行之有效的增长与竞争路径都在面对挑战。张士平的魏桥因此也不能不承受最强大公司的烦恼。

把发展理解为"最大化规模扩张"，持有这种理念的企业家必须思考一个新问题：如何恰当发展。恰当二字，包含了对政府、社会、行业竞争者和民意的更全面的均衡理解。

最强大公司的烦恼，也可能孕育着新的发展方式。但无论他们多么烦恼，他们都比那些虚大低效的企业，代表着进步的方向。

市场化方向，法治化轨道，制度性成本，新发展理念，中央与地方、国企与民企的关系……在新框架下，倔强的张士平，将如何引领魏桥？

有一种敬意在心头升起，有一种沉默在周围弥散，但中国企业家的集体力量，无论怎样周折，终会浩荡向前。

商业，有时并不止是商业。而强大，有时真的很"脆弱"。

张文中案，"天下无冤"的新起点

改革开放40年，一部中国市场经济史，在2018年5月31日写下了新的一页。物美集团创始人张文中迎来迟到了十几年的正义。

最高人民法院公开宣判张文中诈骗、单位行贿、挪用资金再审案，宣告撤销河北省高级人民法院2009年做出的原审判决，改判张文中无罪，原判已执行的罚金及追缴的财产，依法予以返还，张文中等被告知有权申请国家赔偿。

中国实行"四级两审终审制"，一起案件经过两级人民法院审判后即告终结。如果已生效的终审判决存在问题，需要通过启动审判监督程序进行平反。

但事实上，再审是一扇很难开启的门，因为再审针对的是已生效的判决，不能轻易改动，否则会对裁判的既判力和司法的权威性形成冲击。2013年以来，全国法院刑事案件的再审率不到0.5%。张文中在原判生效后向河北省高级人民法院提出申诉，就被驳回。

于是2016年10月，张文中再向最高人民法院提出申诉。

2016年11月，中共中央、国务院发布《关于完善产权保护制度依法保护产权的意见》，要求妥善处理历史形成的产权案件；2017年9月，中共中央、国务院发布《关于营造企业家健康成长环境弘扬企业家精神更好发挥企业家作用的意见》。在这样的大背景下，通过最高人民法院直接提审，按照罪刑法定、证据裁判、疑罪从无等原则，依法纠正原判在事实认定、证据采信、法律适用方面的错误，张文中终于洗清沉冤。

从年广久到张文中

重审张文中案的意义，在近几十年的企业史上大概只有年广久三次被判刑又三次被无罪释放可堪并论。

年广久1937年出生，曾是"中国第一商贩"。《邓小平文选》第三卷注释第43条解释，"傻子瓜子"指安徽省芜湖市的一家个体户，他雇工经营，制作和销售瓜子，称为"傻子瓜子"，得以致富。

年广久三次被判刑，罪名分别为"投机倒把""牛鬼蛇神""流氓罪"，这些罪现在都已经被取消。

1984年，邓小平说："你解决了一个'傻子瓜子'，会牵动人心不安，没有益处。让'傻子瓜子'经营一段，怕什么？"1992年他在南方谈话中说："农村改革初期，安徽出了个'傻子瓜子'问题。当时许多人不舒服，说他赚了一百万，主张动他。我说不能动，一动人们就会说政策变了，得不偿失。"

年广久最后一次被判刑，是因为和国有企业联营但经营失败，要担责任。案子一拖三年，最后判贪污罪证据不足，就判了个流氓罪。他自述："我拿了我孩子的钱，孩子拿我的货，工厂是我投资的，账目上的钱都是我的，我拿了也写了条子，哪里是贪污呢？当时联营失败，社会影响不好，需要有个人来扛这个责任，于是就把我推出来了。除了贪污罪，又说我犯了流氓罪，说我强奸厂里10个妇女。我说好，那我干脆给你凑够一打吧，我说那就算12个吧！"①

1991年5月，芜湖市中院一审判决，年广久犯流氓罪，判处有期徒刑3年，缓刑3年。邓小平南方谈话后，芜湖市检察院主动撤诉，年广九被宣告无罪释放，市委书记等在市委大礼堂集体接见，握着他的手说："老年，你吃苦了！"

年广久敢想敢干，但文化水平不高，管理能力不强，"傻子瓜子"几次走出芜湖都铩羽而归。他被判刑三次，真正入狱时间并不多。和他相比，张文中从2006年11月被调查到2013年底减刑出狱，7年多时间完全失去自由，最终被判无罪又经历了5年。

张文中出生于1962年，是一位专业能力很强的知识精英，先后毕业于南开大学数学系、中科院系统科学研究所、美国斯坦福大学。他1994年归国创办北京最早的超市——物美，应用自己开发的POS机信息系统，将超市开遍北京城。2000年物美就在互联网上进行采购和管理，2003年成为第一家在香港上市的内地民营零售企业，2006年《财富》杂志曾评价说："如果你想看一下零售业的未来，建议阁下省却造访沃尔玛的时间，为您自己买一张前往北京的机票，去看看物美。"

企业界很多人都知道，张文中最初被带走协助调查是因为涉嫌与一桩受贿案有关。调查时有人主观臆断，认为他给了某官员巨额物美股票。后又由河北省衡水市人民检察院将他刑事拘留，2009年3月被

---

① 贾云勇、姜英爽：《改革开放印迹：三次被邓小平点名的"傻子"年广久》，《南方都市报》2008年10月18日。

河北省高级人民法院以诈骗罪、单位行贿罪、挪用资金罪等判处有期徒刑12年。

张文中2006年11月被带走，物美停牌10个月，取消了与花旗签订的8600万美元新股配售协议和多项并购计划。后来的移动互联网、大数据、物联网，这些重大机遇物美都错过了。张文中口碑很好，为人正派，处事低调。他原来在玉泉大厦办公，大楼里面有个舞厅，同在大厦办公的一个企业主晚上常和朋友娱乐到午夜，下楼时总是遇到张文中下班回家。他蒙冤后全国工商联多次向相关机构反映，三任主席、书记持续呼吁，北京市工商联时任党组书记专程到监狱探望，12位著名刑法专家召开论证会，众多企业家发声彻底纠正。在全国政协的正式会议上，河北的企业家政协委员王玉锁向参会的最高法院领导表示，愿意用自己的全部财产和身家性命担保张文中案是冤案。

如果说年广九案涉及对个体私营经济的态度，张文中案则涉及对中国优秀民企和企业家的态度。年广九在芜湖，北京有声音，纠错相对容易；张文中在北京，涉及的层面高，河北省最高法院又已终审，纠错很不容易。所以这个案子的反转，令企业界倍感欣慰。

最高人民法院指出，重审张文中案是"落实党中央产权保护和企业家合法权益保护政策的一个标杆案件"。更广义地说，这也是中国建设法治经济和推动司法公正的标杆案件。

恒心来自公正、公平、公开的法治

张文中案传递出一个明确信号——坚决纠正涉产权冤错案件，平等保护各类市场主体合法权益，依法保护企业家人身和财产财富安全。

人们常说"有恒产者有恒心"，而恒产是需要法治保障的。归根结底，公正是法治的生命线，良好的法治才是长久信心之源。

从张文中案看，公正、公平、公开三者之间密不可分。

先看公正。《中共中央关于全面推进依法治国若干重大问题的决定》中，要求"完善确保依法独立公正行使审判权和检察权的制度"，指出要"建立领导干部干预司法活动、插手具体案件处理的记录、通报和责任追究制度。任何党政机关和领导干部都不得让司法机关做违反法定职责、有碍司法公正的事情，任何司法机关都不得执行党政机关和领导干部违法干预司法活动的要求"。这一规定直击了司法公正存在的"痛点"，就是领导干部干预。

再看公平。公平就要对所有企业一视同仁。原审法院的观点是，"张文中以非法占有为目的，将物美集团冒充为国有企业的下属企业，通过呈报虚假项目，骗取国债技改贴息资金。"再审检方（最高法）则指出，1999年国家有关部门虽然将国家重点技术改造项目主要投向国有企业，但并没有明确禁止民营企业申报。随着我国2001年底加入世界贸易组织，国家进一步明确对各类所有制企业包括民营企业实行同等待遇。同时，为鼓励支持国内流通企业发展，推进流通现代化，国家将物流配送中心建设、连锁企业信息化建设列入国债贴息项目予以重点支持。也就是说，2002年物美集团申报国债技改项目时，国家对民营企业的政策已经发生变化，国债技改贴息政策也已有所调整，物美集团申报的物流项目和信息化项目符合国债技改贴息资金支持的项目范围，"原判认定物美集团不具有申报国债技改项目的资格，属于事实认定错误"。

最后是公开。张文中在企业界有很大影响，工商联为他说话，相关各界都在呼吁，形成了一个"捂不住、盖不了"的公开的舆论环境，推动了问题的最终解决。

最高法指出，张文中案件的改判，我们要深刻吸取教训：一是要严格贯彻以事实为根据，以法律为准绳的法治原则，依法独立公正行使审判权；二是要严格贯彻罪刑法定、法不溯及既往等原则，对于法律没有明文规定为犯罪的行为，不得认定有罪和处以刑罚，也不能将一般的违规行为当作犯罪处理；三是要严格贯彻证据裁判、疑罪从无原则，认定被告人有罪和处以刑罚必须有充分确实的证据支持，定罪证据不足的要依法宣告无罪；四是要准确理解国家政策的精神，把握政策的发展变化，防止用过去的政策衡量行为发生时的企业经营活动。

让每一个人都能感受到公平正义

张文中案的重审，对企业家们安心创业、放心投资、专心创新，无疑有着积极作用。

曾任最高人民法院常务副院长的沈德咏近年来发表过几篇在司法界非常有影响的文章。在《我们应当如何防范冤假错案》一文中，他说，相比较错案的纠正，我们必须要更加重视"防患于未然"，要做"事前诸葛亮"，使潜在的可能发生的冤假错案无法形成。司法公正最终是要靠案件质量来说话的，出了一个冤假错案，就会极大地动摇公众的法治信念。"特别是在目前有罪推定思想尚未完全根除、无罪推定思想尚未真正树立的情况下，冤假错案发生的概率甚至可以说还比较大。对此，我们必须保持清醒的认识，同时在思想上要进一步强化防范冤假错案的意识，要像防范洪水猛兽一样来防范冤假错案，宁可错放，也不可错判。错放一个真正的罪犯，天塌不下来，错判一个无辜的公民，特别是错杀了一个人，天就塌下来了。"①

沈德咏提出，从现在已发现的冤假错案看，多少都存在突破制度规定，或者公然违背法定程序的地方。要高度重视程序公正的独立价值。比如指控的证据不足以证明有罪，就应当依法宣告无罪；查明认定存在非法证据的，就应当依法予以排除。

2017年中央政法工作会议明确提出，使法庭成为以看得见的方式保障司法公正、实现公平正义的"殿堂"。中央政法委书记孟建柱在谈到推进诉讼制度改革时说，反思近年来纠正的一些历史错案，一个重要原因就是只强调惩治犯罪而忽视保障人权，以致侦查环节，只注意收集对犯罪嫌疑人不利的证据，不注意收集对其有利的证据；审查起诉环节，虽然存在诸多疑点，但没有发挥应有的监督制约作用；审判环节，在关键证据缺失情况下仍做出有罪判决，没有把好最后一道关口。

企业家精神的新内涵：爱商与逆商

我们经常谈到企业家精神，如勇于创新、承担风险、善于识别和抓住机遇等等。张文中在遭遇冤屈、不屈不挠依法维护自身权益的过程中，展示了令人尊敬的品格，为中国的企业家精神增添了新的内涵。

在看守所，张文中为了真正把心情稳定下来，选择以书为伴，一开始养猪养鸡的书都看，后来和管教人员不断沟通，可以得到朋友们

---

① 沈德咏:《我们应当如何防范冤假错案》,《人民法院报》2013年5月6日。

从外边送来的书。他帮助年轻的犯人自学，参加成人高考。他说：
"用心、用脑读书，是人走出苦海、脱离困境活下去的最重要的途
径。……关押期间，我一共读了几百本书，许多是英文原著，英文水
平比原来又有了很大的提高。读书学习过程中还要不断思考，我在监
狱和看守所搞科研，取得了4项专利，省部级科技进步特等奖一项、
一等奖两项。"

企业家的灵魂必须与企业同在，自己不能倒下，精神和信念是支
撑企业存在的根基。张文中在《给40年的信》①中谈了五点感悟：人
生是一场奋斗，企业家存在的价值就是奋斗；心中有春天，人生就充
满阳光；人生是一次旅行，艰难困苦，玉汝于成，筚路蓝缕，斩棘前
行；人间有真情，公道在人心，亲情友情重于山；相信党，相信国
家，相信公平正义，相信改革开放，相信正义尽管会迟到但绝不会缺
席。

张文中用爱和信念化解了冤屈和愤懑，用实践诠释了培根《论逆
境》中提出的价值，"顺境中的美德是节制，逆境中的美德是坚韧，
后者具有更多的英雄本色"，"顺境并非没有许多恐惧与厌恶，逆境
也不是没有安慰和希望。"

中国经济的新时代，需要一批又一批有爱有责、心怀希望、不畏
艰险、不向挫折乃至冤屈低头的企业家和创业者。张文中案是"天下
无冤"的新起点，也将是进一步弘扬中国企业家精神的新起点。

每个人都期盼好的法治环境，期盼能让每个人的尊严得到保障的
环境，即使被扭曲，也终得校正。如同恩格斯曾说的，"文明国家的

---

① 2018年亚布力中国企业家论坛第十八届年会的"中国商业心灵"环节
中，由张文中本人朗读的一篇文章。

一个最微不足道的警察，都拥有比氏族社会的全部机关加在一起还要大的'权威'"，因为他承载的是法的尊严。

一个财经作者的24小时：体验中国公司时刻

这是2018年1月很普通的一天，与平日唯一的区别是天气降温，天气预报说要下雪。

早上4点半，闹钟响了，因为要赶6点55分起飞的航班，夫人提前预订了5点的神州专车来接。4点50分打电话给司机，电话那头说睡过头了。

两分钟后，再打过去，对方说一个小时后才能赶过来。当下又气又急，赶紧叫滴滴专车，幸好六七分钟后，车就来了。

每个人对预定的服务都有依赖感。坚强的承诺是客户依赖感的来源。假如服务在关键时刻掉掉了链子又没有可供备选的替补方案，那就麻烦了。所以我们永远需要竞争性市场。

6点多，我坐在机场休息室。翻看手机时看到以前的老同事发朋友圈，一图一言："勤奋不重要，不要脸才是决胜关键！"

平时我会一笑了之，这一刻情不自禁跟了一句："往里面可以填进去各种公司。"

老同事回了一句："用在公司身上不够正能量吧？"

可是，如果把要脸不要脸理解为文明不文明、诚信不诚信、有底线无底线、真善美与假恶丑，为什么不能放呢？至少，不放公司，放它们的某些行为是可以的。

是什么触动了我，生出填空的想法？

是前一天，乐视网复牌时的那一刻，18万多的投资者眼看一字跌停。按基金公司的估值调整，接下去可能还有十几个跌停。果真如此，乐视网市值将缩水到100多亿元——其历史最高峰是1700亿元。

2018年1月24日，《每日经济新闻》刊登了一篇评论，《乐视8年的A股史：贾跃亭是唯一的"人生赢家"》，因为乐视网通过IPO、定增和发债共融资91亿元，贾跃亭姐弟通过高位减持合计套现139.84亿元，贾跃亭通过逾30笔股权质押套现约300亿元，融创入主还套现30多亿元。

我在短视频中评论说，乐视网的灾难是18万投资人为贾跃亭的孽债埋单，为中国不健康的资本市场埋单。这么多问题，会计师在财报中是怎么一年年通过的，券商是怎么推高股民预期的？两年多前，华创证券在《互联网生态帝国渐成形》的报告中预测，乐视网2017年的对应市值空间为3471亿元。

乐视网是怎么变成超级乐观的代名词的？也许我们已经无法还原这个循环，但谁都明白，今天的破灭，和当初对真相的蒙蔽，对风险提示的刻意忽略，是分不开的。

很想看看，这些学历和智商双高者们今天的脸。

不止乐视网，还有一刻也让我心里堵得慌。

候机时在朋友圈通过链接看到一条关于亚投行两周年的新闻。看到最后是"热门推荐"，一共三条："姚明因病抢救无效离世""李小璐聊天记录被曝光""翁帆终于爆出……"看到姚明的标题，我一惊，点一下，要先下载App。仔细分辨，才明白原来有个作曲家叫姚明。

机器算法和AI正大行其道。但算法的标签是人设定的。机器说，你们就关心这些，你关心的就是头条。且不说很多人根本不关心八卦却不断被推荐，即使八卦大概率是人的普遍偏好，是不是推荐越多对用户越好？

我不是要做道德判断，我想说的是，任何一种搜索引擎，都不应偏离帮助用户节省搜寻成本的基本目的。如果所谓"智能化搜索推荐"的目的不过是千方百计拉长用户的使用时间，无所不用其极地让他们陷溺于某些东西，这种做法将把用户导向哪里？

人性中有两种永不消失的动能，都客观存在。用最简单的分类法，一种动能作用在你幼小时父母教你、你有子女后再教他们的方向；一种作用在你希望子女规避、少染，至少懂得节制的方向。前者可称明性，后者可称暗性。线下实体世界和线上信息世界的一个重要不同是，在线下，绝大多数商品与服务必须诉诸前者的方向，比如安全、可靠、高性能、美好。没有哪个消费者会选择不安全、不可靠、性能不良、形象粗鄙的东西，因为它们对人的物质利益构成伤害，人一定会趋利避害。基于此，线下竞争只要公平，基本是优胜劣汰，自由选择的结果是择优选择。

而在互联网信息世界，那种你希望子女规避、节制的内容，因为人性中的暗性，也因为"私密性消费"导致无人约束，会不断地潜滋暗长。

人在物质世界和精神世界的消费标准的这种二重性，决定了精神文明的进化远远落后于物质文明的进化，也注定了在互联网信息世界，劣币驱逐良币会在相当程度上长期存在。

谷歌"不作恶"的道理就在这里。恶是人性的一部分，那就不要再恶上加恶。能扬善固然好，比如推出像谷歌学术这样的产品，比如利用机器算法制止虚假信息泛滥；假如做不到，非要"Machine Talks"（依靠数据算法向用户推送信息的产品），互联网公司起码要不断提醒自己，不要尽往和公序良俗相背的方向推荐信息，虽然那意味着流量。在指责Facebook影响总统大选的新闻尘埃落定后，扎克伯格已经痛定思痛，决定尽可能采用有信誉的新闻机构的信息。

想想吧，你愿意让子女活在一个怎样的精神世界，就应该给他们怎样的引导。

这个时代崇拜成功，且将成功简化为财富数字，而不管这种成功是不是泡沫化的，吹出来的，野蛮的，让人的精神世界渐渐荒原化的。

互联网的问题正在引发全球关注，而且越来越多是从批评性的角度。索罗斯在达沃斯论坛上说，谷歌、Facebook等巨头的垄断足以操控网络社会氛围，应该加强对它们的监管。在中国，从社会文化角度看，情况可能更严重。网络空间充斥着巨头们营造的规则、氛围和公关豪言，但通过使用体验，用户不难发现，巨头们言行不一的情况很少收敛。

在这个时代，倡导"互联网+"、推崇互联网思维、把互联网等同于未来，已经变成单一时尚。似乎不这样，就老土过时，就要被消灭。坐拥流量霸权的大公司，动辄就说要为线下赋能，其实，从价值观和商德的角度，他们真有资格吗？互联网公司的成功是大势所趋，但扪心自问，除了自身努力、人口红利、风险资本的不遗余力，有没有线上线下规则不平等、监管不一致的"政策红利"的作用，有没有受惠于信息世界的劣币驱逐良币怪圈，有没有网络效应"赢家通吃"的恩赐？

在飞机上，心有不平的我一直在画图，想用一个结构，把跟恶相关的成功表达出来，直到飞到北京，感受到新的风景。

在北京的一个小型探讨会上，资深投资家和媒体人形成了一个共识，"互联网+"该减一减了，"互联网-"是指对互联网崇拜要"祛魅"，互联网不是一切，也代表不了一切。当线上红利不再，互联网公司纷纷进入线下时，他们很快就会发现边际成本结构的不同，发现线下运营以及供应商关系的复杂性，发现保持用户体验一致性的艰难。我们经常说，信息化和工业化要融合，互联网和实体经济要融合，但基本上都是实体经济在真心学习互联网，通过"互联网+"，充分汲取在线连接、实时交互、数据驱动、迭代演化等互联网精髓，与时俱进，焕发青春。相反，我们鲜见互联网公司向实体经济中的优秀企业请教。

互联网公司要向实体企业学习什么呢？守本分，不吹牛；讲诚信，善待利益相关者；知敬畏，懂谦卑；不急功近利，做长期打算；不漫无边际扩张，走专注专精之道。

我举三个亲自调研过的实体经济公司案例吧。

第一个是以本分为原则的vivo。

2011年vivo进入智能手机领域。2011年底到2012年上半年是功能机向智能机的切换期，vivo当时低估了运营商通过补贴推广智能机的力度，导致功能机库存很大，情况非常严重。vivo的CEO沈炜告诉我："那时虽然亏损，但我们对合作伙伴的态度没有变。比如材料，我们跟供应商说，请准确报告目前做到了什么样子，只要做出来的，我们都认；还没有做出来的，告诉我成本是多少，我们全部承担损失。尽管材料拿回来也没用，只能当废品卖掉或者报废砸掉，但我们没有违背下单时的承诺。还有零售商，为了加速功能机销售就要降价，赚的钱就少了。我们说渠道损失全部补偿。当时vivo的规模不大，一个月却亏一个亿，亏这么多钱，就是因为把全部问题都自己担。"

在沈炜记忆中，2012年初是他经历过的最大劫难。他说："我们算了一下，可能7个月就'断'了，但我坚信这一关是可以过去的。我们这么多年做事都本本分分，坚持到了今天，如果连我们都死了，上天太不公平。"3月底开全国代理商会议，沈炜一进门就说"关门倒计时"，说9月底如果搞不定，咱们就关门了。但到5月后，功能机库存已经很少，智能机销售开始启动。

vivo很有底蕴，很成功，但你几乎看不到他们的高管到处夸耀自己。这种文化可以溯源到20多年前的步步高时代，当时段永平就非常强调本分。步步高做超级VCD，清晰度有350线，竞争对手说有500线，甚至有说更多的。怎么办？段永平说："如果我们也说500线是蒙骗消费者，如果不说500线消费者又会买竞争对手的产品。所以我们后来说'大幅度提高了清晰度'。但在原则性问题上，不能脱离事物的本来属性，对就是对，错就是错，是非标准不应该给利益让路。"

不撒谎，不吹牛，不欠账，踏踏实实为用户创造好的体验，让利益相关者都满意，这就是本分，只有本分才能持久。vivo已经成为2018、2022两届世界杯的全球官方赞助商。

上天很公平，消费者眷顾的是宁可关门也不欠供应商账款的vivo，而乐视危机恰恰始于拖欠供应商账款问题的爆发。

第二个例子也是2018年俄罗斯世界杯的全球官方赞助商之一——海信。

几年前去海信，我意外地发现，海信在城市智能交通市场和商业POS机市场的占有率都是全国第一，宽带接入网的光模块市场占有率是全球第一，医疗显示设备和CAS（计算机辅助手术系统）成功进入了全国最著名的30多家三甲医院。这些家电之外的新业务对海信的利润贡献现在已经接近"半壁江山"。

当时我问海信董事长周厚健，怎么这些东西大家都不知道呢？他说，海信是个爱做不爱说的企业，没有技术突破，光说也没用，而要想在技术上真正有所突破，就要甘于寂寞。

在这个奉行"天下武功唯快不破"的时代，海信像一个另类。周厚健坚持"技术孵化产业"的老路，先在研究院储备技术、探索方向，接着组成研发团队，技术相对成熟时成立公司，然后以三年为周期一轮一轮规划、演进。他说，每个成气候的新产业无一例外都花了10年左右时间。

"谁不想快？但技术的生长有自身规律，有时快不得。拿智能交通来说，这个项目是1999年启动的。当时海信在社保、教育、呼叫中心、ERP（企业综合管理系统）等多个领域都有过尝试，多轮调研后，发现这些领域都已相对成熟，而智能交通在国内刚刚起步，市场上都是外资公司，对中国独特的交通情况'水土不服'。比如中国道路的交通流，人车和非机动车混合，电网不稳定，进口设备经常出故障，一打雷下雨，信号灯就可能出问题。所以，海信没有选择国外产品计算'交通流量'的算法，而是针对中国的道路交通特点，独创了计算'交通强度'的算法。2005年，在北京奥运会智能交通系统招标的技术检测中，海信有多项指标超越了国外产品，此后才上了发展的快车道。"

周厚健认为，"结构调整当前看是一碗饭，长远看是一条命"，结构调整的关键就是技术创新。"现在海信的研究所里，还有好几个天马行空的项目'放在那里'，它们可能被时间、被市场淘汰，也有可能在下一个十年，决定海信的命运。"

从自主彩电芯片、自主彩电模组到ULED、激光显示，再到诸多新产业的突破，坚守"技术立企"的海信，发展质量越来越高。

第三个例子，是技术专利在行业远远领先的方太。

去方太调研时，我发现每个管理人员都把"五个一"公开张贴出来，即"立一个志""读一本经""改一个过""行一次孝""日行一善"。这是每个方太人都要定的小目标，先因后果，提升素质。

方太实行全员身股制，每年分红两次，身股覆盖全体员工，只要员工入职满两年，都会根据岗位职级给每位员工一定数量的身股。不仅培养员工的"股东"意识，而且不知不觉间改变他们的行为方式，让员工发自内心地贯彻公司文化。

"一家企业从无到有，聚集人才，生产商品并进行销售，除利润之外，它到底因何而存在？"方太的回答是："方太立志要做一家伟大的企业，导人向善。"

方太董事长茅忠群对我说，伟大企业要有两个核心：创新和良知，导人向善的良知往往能成为创新的催化剂。"比如2010年，我们看到一个新闻报道'厨房油烟加剧主妇的肺癌风险'，心里很不安，为此对吸油烟机的开发目标做了重大调整，从过去以某些量化指标为开发目标，到以'最佳的吸油烟效果''不跑烟'这样的非量化目标为开发目标。当时销售部门说这种调整有很大风险，但良知告诉我们，这样做是对的。经过努力，2013年，方太推出'风魔方'，2014年推出'云魔方'，吸油烟效果提升了很多。我们研发的全球第一台水槽洗碗机，也是基于良知。洗碗是很烦的事，但父母劳碌一辈子，生活条件终于好了，还是要用双手去洗油腻腻的碗筷，我们觉得于心不忍。"

茅忠群每天起床读"文化元典"①半个小时，从不间断。有人建议他把总部迁到不远处的另一个区，能省下一大笔税收，他淡然回答："该交给政府的，我不会动一分钱的脑筋。"

互联网思维没那么神乎，相反，互联网企业很难干成线下的苦活累活，管好大型企业也很不容易。共享单车的童话蜕变成巨额亏损、靠挪用客户保证金维持、随时可能断炊的笑话，从过度喧嚣开始，因管理脆弱而终结，不就是一个警示吗？

当互联网公司开始线下化，当资本供给变得谨慎，可以预言，很多泡沫都会消散。

---

① 指四书五经、《老子》《庄子》《韩非子》《墨子》等一系列传统文化经典。

从2018年开始，"互联网+"转向"互联网-"，同时大量线下企业真正开始"互联网+"，将是一个大趋势。动不动就要摧毁和颠覆传统，完全忽视管理是需要积累的，马步扎不好却想着能在风口上飞，这样的互联网公司不摔下来才怪呢。

在北京的研讨会上，朋友们还分享了很多中国制造业优秀公司的案例。这一刻，我意识到，用"勤奋不重要，不要脸才是决胜关键"的视框去定位中国公司，确实太不够正能量了。

中午，我还和一位金融企业家进行了交流。他曾在政府部门工作，是系统内最年轻的正厅级干部，十几年前辞职创业。他对我说："走遍全世界，中国人的勤奋可以说到了疯狂的程度，也没有哪个民族像我们一样，重商主义的普及是如此广泛。中国还有六七亿人在农村，未来还会有几亿人跻身中产阶层，只要有稳定的社会环境和公平的法治环境，继续维持快速发展不是问题，我完全不认为中国今后的潜在增长率只有百分之四五。当然，创业是艰难的，但是没有难度系数的人生是没有意义的。"

这天晚上，因为上海下雪，我们坐在飞机上等了两个小时才飞。邻座刚好是上海高级金融学院的校友，他在一家国有大型融资租赁公司当老总。我们谈到这一两年基建投资对设备租赁业务的促进，同时他也提到，由于金融强监管和去杠杆，有些客户的资金流受到影响，付款风险会上升。

我问，付款问题跟诚信有没有关系？他说从他20年的工作经验看，中国企业的诚信度是不断上升的，信用环境是不断改善的，目前的一些问题主要还是周期性调整，企业确实遇到压力，真是无能为力，这应是主要原因。

其实，我们的共识是，一个透明、法治化、可预期的制度与政策环境，才能让中国的企业家群体真的有底气，有把企业做成百年老店的长期打算。这一点至关重要。

回到家，已经凌晨1点多了。这是我的寻常一天，也是不寻常的一天，从思考"不要脸"与"恶的成功"开始，最后我所看到的，是一个更完整、更有力、更有希望的中国商业图景。

每天，我们都要接触许许多多公司的产品和服务，都在体验中国的公司时刻。

一个新的关于商业文明的坐标系浮现在脑海里，就叫它"秦朔矩阵"吧，因为我全部创作的核心，就是希望政府、企业和社会共同努力，让"良治+良知"的"好人赚钱"，成为我们时代的商业主旋律。

新的一天，万物苏醒，雪地无痕。而当我们每个人迈出脚步，就有了足印。

走出时代的集体迷思

一个饱餐了知识之树的文化时代，其命运是必须知道，无论对世界事件研究的结果多么完善，都不可能从中获知世界事件的意义，而是必须自己去创造这种意义本身，世界观绝不可能是经验知识进步的产物。

——马克斯·韦伯

失去初心，我们可能什么都不是

2018，在这个改革开放的不惑之年里，无数人心头可能都有万千思绪，为着失去的芳华，为着眼前的苟且，为着明天的诗和远方。

让我们回到起点。初心，就是起点时心怀的承诺与信念。

1976年，中国失去了几位伟人，继而粉碎了"四人帮"。历史向何处去？天问高悬。

1977年2月7日，两报一刊①刊登了"两个凡是"的文章，但丝毫没有消除人民深埋心底的疑虑。

1977年7月，中共中央十届三中全会上，邓小平复出。

1977年8月，全国高等学校招生工作会议举行，决定高考采取统一考试、择优录取的方式。

1977年10月12日，高考恢复，570万人参加考试，27.3万人被录取。

1977年12月10日，胡耀邦担任中央组织部部长，很快开始为蒙冤受屈的干部平反。

---

① 两报指《人民日报》和《解放军报》，一刊指《红旗》杂志。

1978年5月11日，《实践是检验真理的唯一标准》发表。年底的十一届三中全会，确定了把工作重点转移到社会主义现代化建设上来，解放思想，实事求是，团结一致向前看。

回望40年前的岁月，如果要用一个关键词来概括，我会选择——觉醒。

那是人的觉醒，知识的觉醒。人们从蒙昧中走出，开始独立思考。改革开放的春天来了，科学态度的春天来了，人们荡起自己命运的双桨。

没有人的觉醒，没有知识的觉醒，我们可能什么都不是。

弹指40年。

1978年，内地人均GDP为153美元，香港为3924美元，是内地的26倍。2016年，这个差距缩小到不到6倍。2017年，深圳经济总量有望超过香港。

根据胡润研究院数据，2017年，每34个香港人中有一个可投资资产1000万元以上的高净值人士，北京对应的数据已经达到83个。

2016年，中国出境游游客的旅游花费为2611亿美元，美国为1236亿美元。

中国经济的持续成长，中国财富的大爆炸，如果只能选择一个理由去解释，我会选择——奋斗。人的觉醒，人对美好生活的追求，人的无穷无尽的创造精神，这些力量的"对象化"的最重要产物，就是财富。

而在财富迸射的过程中，有无数奇迹，也有结构性失衡、扭曲和阵痛。

来看看美国的历史。

南北战争结束到20世纪末的"镀金年代"，催生了迄今为止最为富有的一批大亨，但也是贫富分化、贪污腐败、环境污染、道德失范最严重的几十年。尤其是在1869年和1872年两次竞选成功的格兰特总统任内，贪婪和怠政达到了顶峰。当时，公职如同牌照，被用于牟私，几乎所有政府办公室都被收买，所有人都难保清廉，一切原则都被践踏。

格兰特内阁就像一座沼气池，不断冒出丑闻：海军部在军舰采购中大肆收取回扣，陆军部公开出售西部地区的皮货贸易特权，内政部、财政部与土地投机商勾结瓜分西部大片土地，纽约、波士顿、旧金山等主要海关无一不是贪污黑巢，出使巴西的美国外交公使诈骗了巴西10万美元后逃跑，出使英国的外交公使以自己的名义在英国骗租了一个矿山……国家的钱袋成了没有锁链的合租之物，制度化买官卖官之后，就是公开化的寻租设租。

作家马克·吐温在1873年的《镀金时代》中写道，政客把贪污受贿、巧取豪夺视同男子汉气概，而把政治中的"好人"视为反常的怪人。

"扒粪运动"的代表人物、记者林肯·斯蒂芬斯在1904年结集出版的《城市的耻辱》（*The Shame of the Cities*）中，记录了他在圣路易斯市政府走廊里亲耳听到的商人与议员之间的对话：

> "啊哈，我的受贿人！"商人说。
>
> "啊哈，等一等，我的行贿人，"议员答，"你可不可以借我1000块钱，就借一两天？"

"现在不行。但如果我要的那个法案今晚通过了，我就借给你。回头在老地方找我。"

"好极了，我会去那儿的。"

镀金时代的美国企业家，的确创造出了具有巨大社会效用的企业，但也有不少人是通过垄断碾压竞争者，通过操纵市场和向政客行贿而暴富。铁路大亨考利斯·亨廷顿1877年曾说："为了要做成事，如果必须出钱给政客，那也无可厚非；如果一个政客掌握可以做坏事的权力，而且只有当你贿赂他之后，他才肯做好事，我想我不得不去贿赂他。"这是一段著名的富人辩护词。

当斯蒂芬斯发现，在狭隘的利己心的驱使下，"凡能使我生意兴隆的，就都是好的"已经变成了美国的普遍价值观，他愤怒地写道，"如今典型的美国公民是商人。典型的商人是坏公民，他很忙。如果他是个'大商人'，即使很忙，也不会忽略忙着去跟政治打交道，嗬，很忙，忙得很有目的。我发现他在圣路易斯收买受贿者，在明尼阿波利斯为贿赂者辩护，在匹兹堡策划腐蚀，在费城与党魁们分赃，在芝加哥使劲反对改革，在纽约用贿金挫败好政府。"

因为目睹了太多不择手段的官商勾结，斯蒂芬斯甚至把批评的目标直指商业本身。他说："商业精神乃赢利精神，而非爱国主义精神；乃信贷精神，而非诚实精神；乃个人获利精神，而非国家繁荣精神；乃买卖和交易精神，而非道义精神。"

斯蒂芬斯为揭露社会和商业阴暗面的"扒粪运动"培育了大批新闻工作者，包括哈佛大学双杰的沃尔特·李普曼和约翰·里德。他的书之所以叫《城市的耻辱》，是想唤醒"显然缺乏羞耻感的市民们的自尊感"。他说，腐败之耻辱不在于那些腐败者——我们本就不能期待这些人会洁身自好、不贪不腐，这耻辱应是城市的耻辱，应是市民们的耻辱，因为他们没有挺身而出，没有去奋勇地制止腐败行为。

镀金时代晚期开始，在强大的社会和舆论压力下，特别是西奥多·罗斯福1901年就任总统后的8年中，美国开始了一场全面改革的进步主义运动。包括：寻求工商业的道德重建，恢复自由竞争，反对托拉斯[①]；推进预算改革、市政改革和公务员制度改革；通过立法营造清洁环境和食品药品安全，等等。西奥多·罗斯福用"公众、公众、公众"的理念回应了当时社会舆论的口号——社会正义和社会进步。

在美国历史上，西奥多·罗斯福是对大亨最不友好的总统。尽管他并不认为大亨都是坏人，他认为托拉斯也有好坏之分，但他坚决要制服"胡作非为的大亨"，为此下令对多家大公司提出反垄断起诉。通过一系列判例，让华尔街和产业大亨们意识到，影响力和控制力再大的企业，其行为都有法律的边界。

虽然我们不能用美国的"镀金时代"和"进步运动"来比附中国过去几十年的高速发展，但美国的昨天还是能给我们一些借鉴。

比如，骄横者不能长久。

2017年的中国商界发生了很多大事件，最近我碰到不少企业家和媒体人，大家不约而同提到了一个担心，就是当某些中国大公司的市值狂飙突进的时候，他们却患上了一种发作周期越来越短的"互怼综合征"，并借助他们所拥有的媒体资源，不断炒作。

一位新闻学院院长说，在传统媒体时代，这是很难想象的。因为

---

① 垄断组织的高级形式之一。

没有任何公司能调动那么多"公器""喉舌"，在同一时间，针对竞争对手发难，耸动视听。

但在媒体社交化、自传播、资本介入等背景下，对那些拥有雄厚互联网资源和动员能力的大公司来说，"怼"与"黑"，变得异常方便。

作为商业世界的观察者，我们当然可以选择娱乐化态度，欣赏这一波一波的游戏；甚至可以为他们叫好，原来你们的竞争是如此不断地下探底线，你们互怼，社会才能更多了解你们所用的伎俩，否则还一直觉得你们是那么高大上。但有时，我还是感到悲哀，你们真的以为，互联网世界就是你们的，可以轻易控制、予取予夺？

没有敬畏，没有克制，不去尊重，不积厚德，就会离"墙倒众人推"的那一天，越来越近。

有些企业家觉得，他们已经太辛苦，政策环境的不确定已经让他们左右为难。商业文明的进步不可能一蹴而就。

我问过外卖行业一家大公司的创始人，你们和竞争对手在线下大打出手，为何不能遵循和谐商道？这位80后回答我："等再过几十年，我们也会像可口可乐和百事可乐、麦当劳和肯德基的竞争那样文明，但现在这个阶段，这些东西还无法避免，需要一个过程。"

而对我来说，面对这些占据着互联网财经头条位置的公司，为什么常常忍不住要说三道四？

这不是因为我轻视商业力量，恰恰相反，是对他们寄予了更大的希望。

中国几千年来"抑商"，积习相沿，视工商为末务，导致国计民生日益贫弱。直至近代，在列强的隆隆炮声中，才意识到"以商务立富强之基"（李鸿章语）。中国最早以"商"为名的公司是招商局轮船公司，其早期领导人郑观应说，"商务乃国家之元气"，"古之灭国以兵，人皆知之；今之灭国以商，人皆忽之"，"习兵战不若习商战"。

站在商业是"国家之元气"的角度，我们怎能不对大公司提出更高要求，怎能不希望他们秉持纯正之气、良善之风，而不是流里流气、乌烟瘴气？

环顾中国近现代商业史，"商"之风气，和国家的现代化休戚相关。国计商情，商情不离国计。能够成就伟大的商业，必然有单纯的初心，为社会创造价值的善的愿景，必然顺应天道天时，必然会被时代和人民赋能。

如果背离初心，则再大的商业帝国，都会渐渐被蛀蚀，并一天天失去信任——这一最重要的社会资本。

西奥多·罗斯福，这个将美国历史上赤裸裸的野蛮资本主义、垄断资本主义拉回进步轨道的人，曾经说过：

> 我们既不维护富人，也不维护穷人；我们维护正直的人，不管他是富还是穷。
>
> 我的职责是与每一个人站在一起——当他是对的时候。同时，我的职责也是反对每一个人——当他是错的时候。不论是针对个人还是针对群体，我都是这么做的，一个商人或者一个劳工领袖，或者一个政客或者一个改革家，当他对的时候，我就支持他，当他错的时候，我就背弃他。
>
> 他们接受了贪婪索取的灵魂，以为商业主义就是民族生活的宗旨；但实际上，商业主义只是民族伟业的必要组

成部分之一。国家的长久繁荣，必然是要靠灵巧的头脑、经商的头脑、辛勤的奋斗；但没有哪个国家是纯粹靠物质繁荣而真正强大的。①

我希望未来的中国，是重商、崇商、兴商的商业中国，是企业家创新精神高扬的商业中国，也是诚信正直、有灵魂的商业中国。如果企业家的内心世界被自我充满，初心不再，或者初心只在口头上存在，只在某些时空和条件下存在，那么我们距离真正的商业文明还很遥远。

马上就要步入知天命之年的我，最近一直在思考"没有……我什么都不是"的问题，也在反省自己和初心有多少偏离。如果说"哲学就是带着乡愁去寻找精神的家园"，商业文明的探索，在弘扬创新精神的同时，就是要以文明之心去平衡商业力量的不健康扩张和为所欲为的骄横狂妄。越是回到恪守中道的初心，我就越觉得心安理得，勇气倍增。

---

① ［美］西奥多·罗斯福：《我的奋斗——罗斯福自传》，孙红译，中国长安出版社2011年版，第220—221页。

穿越苦难：当人道主义遇上市场经济

2003年7月，离30岁不到两个月，邵亦波把他创立的电子商务网站易趣以2.25亿美元卖给eBay。那时他回国创业只有四五年，中文"电子商务"一词，最早就是他们自英文"E-commerce"翻译过来的。

当时的"网购"，是在网上找到卖家或买家，然后约到线下某个地点见面交易。但邵亦波相信，只要电子商务在中国做起来，一定比美国大。

对于"退出"商海，邵亦波说："我太太的父亲在上海去世了，很突然，她父母是为了我们搬到上海来的，所以她特别伤心。易趣正式卖掉是7月，9月4日出的事，9月8日我们就离开了。去美国后几个月，我的奶奶又去世了。如果当时没有这个停顿，可能我就会一路走下去，继续做公司，一直留在中国。因为被迫地停顿了，我就想，好像钱和事业也没有这么重要，那人生最重要的东西是什么？人的快乐到底是哪里来的？"

快乐是什么？

邵亦波在接受36氪采访时说，快乐的一个方向可能是人与人的关系，人与人的感情绝对是有意义的，比如夫妻、孩子的爱，朋友的爱，对周边人的爱；第二个方向是"真正的我"。每个人的灵魂都会在生长中受到不同程度的污染，长大后就不是真正的他或她。通过各种方式重新接触到自我，接触到自己真正的灵魂，不用任何做作，就会很舒服、很自然、很简单。

邵亦波觉得，要是一个人只钻营成功，忘记人与人的爱和自自然然的我，不可能有真正的快乐。当然，完全想着爱和真我，世上也没人做事了。"真正有本事的人应该是在做事情的同时，在尔虞我诈的环境中，还能够保持另外两个方向。"

除了爱和真我，邵亦波对人生还有一个触点，就是不要傲慢。他有次坐飞机看了电影《苏丹的迷途男孩》（*Lost Boys of Sudan*），讲20世纪80年代苏丹内战，死了很多人，几千个孤儿徒步从苏丹走了100多公里到肯尼亚，美国人出钱把一些孩子运到美国，成为美国公民。邵亦波哭了。他说，我一直觉得自己很聪明，蛮了不起，"其实很焦虑，要找各种方法说明自己了不起"，但是，"无论我再怎么了不起，如果生在苏丹，可能还是赤脚在到处跑的小孩。所以一个人的成就，有多少真正是自己的？你生在哪个环境、哪个家庭、哪个国家，其实决定了你的人生。而且老实说，聪明也不是你的。你很可能也就是一个载体而已。"

"意识到我只不过是一个载体而已，突然就发现人轻松了很多。"

世间一切终归无常，是人就有生老病死。我熟识的很多企业家，都有过类似邵亦波的经历，也都在直面疾病和苦难中完成了人生的超拔。

1995年，王石因为腰椎问题，被诊断为可能随时瘫痪，医生建议他最好不要活动，平日外出要坐轮椅。于是他说一定要去趟西藏，将来坐轮椅去就很不方便了。1997年他在西藏待了一个月，在大本营遇到的几位朋友问他："你可以登雪山吗？"王石说："我可以吗？"他们说："从小的山一步一步登，珠峰也可以实现。"

"回来之后我就锻炼身体，只要没有瘫痪，就要试试自己能登多高。那时没有想登珠峰，2001年我50岁，就暗暗说要给自己送一个生日礼物，50岁生日的时候要达到国家登山运动健将（的水平）。人生有时目标不是很清晰，但是总要给自己高一点的目标，达到后再给高一点的目标。"王石说。

2009年，陈天桥将盛大游戏分拆上市后一个月，体检中发现疾病。因为发现得早，手术很成功，但被迫"叫停"之后，他要静下来思考人生的价值。

2017年我在新加坡采访陈天桥，问他从2009年的状态里走出来靠什么？他回答说："关键看你如何定义'走出来'。如果它是指超越过去，走出对过去的思考，那我一直没有走出来。如果你是指走出生病时内心的沉浸，那我没几天就走出来了。医生说我的心理承受能力比预想的强大得多。我印象中是在动手术后第三天，我对着镜子刷牙，一抬头看到自己，对自己说难道要一辈子觉得自己是一个病人吗？突然心里的恐惧就过去了。"

　　把工作放下后，陈天桥觉得，再去争什么"首富"没有太大意思，他应该去想一些更有意义的事。最近几年，他在践行捐资10亿美元支持脑科学研究的计划。他说："如果我能参与人类解决大脑问题的最后一刹那，能通过我们的投入产生一点作用，那比我做一辈子'首富'都更有意义。"

　　2000年，30岁的河北立国钢铁董事长丁立国遭遇了一场车祸，颈椎第二、第三节严重骨折，昏迷3天才醒来，在医院躺了110天。躺在床上的他不断自问："赚钱是不是你的唯一？事业是不是你的唯一？工作是不是你的唯一？大商留名，小商留利，做事业的同时应该以什么来留名？"

　　病愈后，丁立国把公司名改为德龙集团，意思是以德立身，靠德打天下。自此，在对待员工、环境和承担社会责任方面，他脱胎换骨地"重生"了。再忙他也要亲自参与慈善，因为助人其实是助己，是唤回人性的原本——善、慈悲、珍惜，还有感恩。他说："我也有眼泪，也需要有释放的地方。"

　　丁立国把人生分为生存、生活和生命三个阶段，与之对应，财富也有三个阶段：个人的、企业的、社会的。

　　2017年1月，河北邢台市环境保护局局长司国亮在德龙的污水处理厂将一杯经过处理的钢厂废水一饮而尽，"一喝成名"，显示出丁立国在环保方面"无上限投入"的成效。

　　丁立国说："从商业行为来说，无上限投入环保是违背商业规律的，我们一些高管一再劝告我不要干。但话说回来，你天天算账，就该给自己的人生算最后一笔账，你账上放着30亿、50亿又如何？当生命终结的时候，你拥有的一切名和财富，全是过往云烟。但如果我做了一件光宗耀祖的事情，等我动不了坐着轮椅，跟孙子孙女说你爷爷有这么一间工厂，让全世界钢铁工业的所有人都竖起大拇指，能让我比赚100亿还高兴。"

"有些事情抉择不了的时候，用生命去衡量，答案就简单了。"这是那场车祸后，丁立国悟到的道理。

如果说2013年邵亦波的退出，是基于个人家庭的突变；最近他的决定，则是因为见到众生的苦难。

2017年底，邵亦波宣布投身公益，创建一个初期投入约1亿美元的慈善基金。该基金不以盈利为第一目标，而着重于用科技满足人类深层次的需求，减少世界上的苦难。他把对世界有利作为第一要素，希望让人类更快乐、真实、自由、互助。

谈到创办慈善基金的目的，邵亦波说，在很多发达国家，物质匮乏已渐渐不是问题，但人们的心理状态每况愈下——美国近7%的成年人在过去一年至少出现过一次重度抑郁；从2007年到2015年，美国青少年女孩的自杀率翻了一倍；中国有5000多万抑郁症患者，而焦虑症患者最近10年涨了4倍，也达到了5000多万。

这只是冰山一角，还有很多人未被确诊为精神障碍，但内心并不快乐充实。他们原以为得到朋友圈的下一个点赞、下一次升职机会、财产再加一个零，就会快乐。许多"有幸"如愿的人失望地发现：快乐只持续几天，甚至几小时，而焦虑却无止境，因为他们继续渴望被点赞、升职、发财，而且爬得越高，越怕跌回去，焦虑只增无减。

"对投资者来说，投资那些满足人类的'想要'，如占有、刺激或攀比等欲望的企业可能更容易赚钱，但我选择支持有理想的创业者做更加有挑战和更有意义的事。"这是邵亦波今天的理念。

"股东利益最大化"是市场经济的天经地义，但"社会价值最优化"的商业实践，也一直星火不熄。

我采访过的孟加拉国经济学家尤努斯，从洪水后饥荒中的母亲抱着婴儿坐着等死的那一幕受到强烈触动，于是走向农村，创办了"穷人的银行"格莱珉。他后来推动创办的社会企业已有60多家。社会企业是由社会责任和社会目标驱动的企业，是不为红利而为解决人类问题而建立的企业。它有三个特点：无股息分配，为解决社会问题而生，以企业方式追求可持续发展。

"我们不能认为做生意只是赚钱，这一个观念对整个人类来说是有侮辱性的观念。""人性不是只有自私，人性比自私要大很多，传统企业只关注自私，认为'人人为自己，不为别人'，无私的业务模式刚好相反，是为了别人，而不是我自己。""赚钱是一种快乐，让其他人快乐是一种更大程度上的快乐，选择哪一种取决于你对快乐的理解。"这是尤努斯的核心观点。在他看来，贫穷并不是由穷人造成的，并不是他们缺少主动性、缺少努力，是"我们自己建造的体制导致了贫困，它是一种吸取养分的机制，不断从社会底层吸取养分和财富。打个比方，如果穷人和过去相比提高了一英寸，上层的人们在同一时段就能上升一英里，这就是贫富差距。"

企业不只是赚钱获利的媒介，也可以成为帮助穷人的工具。格莱珉与达能公司合作为营养不足的孩子生产价格低廉的酸奶；与威立雅①合作为砷污染地区供应饮用水；与巴斯夫②合作以极低的价格生产蚊帐，防止作为传染病源的蚊子的侵袭；与优衣库合作生产普通T–Shirt，也生产孟加拉民族风格的女性衣裙，还开设一些服装店，格莱珉只占1%股份，利润用于支持孟加拉女性以及社区教育和环境的改变。

在某种意义上，企业社会创新（CSI）是比企业社会责任（CSR）更高的进步台阶。CSR从经济、环境和社会责任三方面设立标准，CSI则是从根本上实现那些被遗忘的人群的权益，比如推出几美元的太阳能照明设备（相较于上千美元的正规商品），200美元的早产儿保温袋（相较于2万美元的正规商品），让发展成果被更广大的民众所触及，产生普惠的影响。

天降大任于斯人也。当企业家对人类的苦难敏于感受，他们往往能用更具创造性的方式，介入对社会问题的解决，并产生突破性的效果。

当私人企业SpaceX发射的猎鹰重型火箭刷新了人类对空间的理解，在比尔·盖茨和妻子梅琳达发布的2018年年信中，显示了私人基金会在疫苗领域的作为。

"我们原本认为既然花几美分或最多几美元就可以预防疾病，那么这件事一定早有人做了。然而事实并非如此，数千万儿童从未接种过任何疫苗。过去18年间，我们在疫苗上共投入了153亿美元。这笔投资不容小觑。免疫接种的进步正是儿童死亡人数大幅下降的一大原因，儿童死亡人数从2000年的1000万下降到去年的500万，也就是

---

① 威立雅是一家以环境服务为主业的大型集团企业。

② 德国的一家大型化工企业。

说，有500万家庭不必承受失去儿女或兄弟姐妹之苦。"

这是怎么做到的？最初源于1997年，盖茨在《纽约时报》上读到一篇文章，说非洲每年有50万孩子因轮状病毒死于腹泻。每年全球新生儿的死亡中，三分之二都是疫苗可以预防的。盖茨基金会遂在2000年发起成立全球疫苗免疫联盟（GAVI），并提供了7.5亿美元种子基金，和其他合作伙伴一起推动全球免疫治理的系统性改变。

他们加快推广那些原本使用不足的疫苗和新疫苗；加强受援国的卫生基础设施，比如通过改进疫苗冷藏箱，无需插电，只用冰就能使内部温度保持在0～10摄氏度达一个月甚至更长；提高筹资的长期可预见性和稳定性，以一些捐助国政府的承诺作为抵押，加上世界银行的背书，在资本市场上发行"疫苗债券"筹集项目资金；为敦促受援国提升主人翁意识，要求这些国家自己也要出资分担成本；整合需求，形成采购规模，从而降低疫苗生产企业的投资风险和生产成本。

这就是盖茨基金会所创新的"催化式慈善"。在2018年年信中，盖茨夫妇说，他们正在资助两家研究使用信使核糖核酸（RNA）教会人体生成自己的疫苗的初创公司，这项工作或可在艾滋病与疟疾以及流感甚至癌症领域带来突破。他们提到："为让私营部门参与其中，我们有时会采用更为复杂的金融交易。例如，捐赠方可以对产品价格或销量做担保，借此消除企业面临的一定风险。我们与数个捐赠方共同建立了价格担保，提高肺炎球菌疫苗的供应量，来应对这种每年导致近50万儿童死亡的传染病。如今，57个国家的贫困儿童得以接种此种疫苗，这到2020年可以拯救150万条生命。"

如果不是1997年看到报上的那篇文章，盖茨夫妇对财富的使用，也许会有不同的选择。他们写道："如果我们当时选择了不同的人生，也就不会成为现在的自己。当初的选择造就了今日的我们。捐款不是因为我们想到自己会以哪种方式被人铭记。如果有一天，小儿麻痹症和疟疾这样的疾病变成遥远的记忆，我们曾经从事过相关工作的事也逐渐被遗忘，我们会非常欣喜。"

在商业文明的研究和传播中，我一直强调市场化和法治化的基石作用。在推动生产力发展和造福人类福祉方面，法治化的市场经济是有史以来最有效的方式。

商业世界里确实有不择手段的"坏学生"，但那些积极创新的企业家总是努力提供更好的产品和服务。他们在不知不觉中对社会福利的增益，有时比单纯的慈善大得多。正如亨利·福特没有想过如何终结动物的苦难，但他生产的汽车对大幅减少马所受到的酷虐的作用，要比美国防止虐待动物协会的创办人亨利·伯格强大无数倍。"马力"是引擎功效的单位，但科技的力量早已解脱了马的重担。

然而，社会对商界的要求，没有最高，只会更高。

即使对自由市场经济下最优秀的代表苹果和谷歌，多年来，欧盟也一直在抨击它们通过"无国籍"实体转移营业收入的行为。谷歌通过把在英国的销售额转移到设在爱尔兰的一家子公司，尽量减少纳税额。这是合法的，但并不被认为是良好的企业公民的作为。英国《金融时报》首席政治评论员菲利普·斯蒂芬斯评论说，企业的责任不仅限于严格遵守法令，还包括尊重比法令更复杂的常规习俗，谷歌这样的行为会激起民粹主义反应，借用罗斯福的话："当财富的聚集导致不公平时，能与其巨大权力匹配的只有民众作为整体的更大权力。"

正如印度经济学家拉古拉迈·拉詹在《从资本家手中拯救资本主

义》中所说的，尽管自由市场体系对于我们今天的幸福生活至关重要，但自由市场经济的基础设施十分脆弱，我们除了需要防止政府作为制度基础设施等公共品的提供者对公民财产权利的漠视，同时需要防止既得利益集团通过操纵政府谋取个人私利，造成对自由市场经济的破坏。

在这篇文章中我举出了很多实例，是想说明，社会需求不是企业要被动直面的压力，而是有意义的、和快乐相连的创造动力。要想得到社会尊重，绝不能不诚信、逃税、贿赂、污染、偷工减料、假冒伪劣，然后做点捐赠掩人耳目，"先恶后赠"；而必须恪守社会认同的商业伦理，努力求解社会问题，这才是模范生。

好的市场经济，在市场化、法治化之后，也许还可以加上一个标准，就是人道化或人本化。

比尔·盖茨是乐观的。他说："虽然在工作中见到过许多疾病与贫穷，也面临着许多亟待解决的重大问题，但我们也看到了人性最美好的一面。我们向发明尖端工具治疗疾病的科学家讨教，与不遗余力地用创新方式为全世界人类谋取健康与福祉的政府领导交谈，也在世界各地见到过勇敢而睿智的个体通过发挥想象力，找到彻底改变社区状况的新方法。"

当人道主义与市场经济相遇，当市场经济被创造性地用于解决人道主义问题，我们就会越来越接近亚当·斯密在《道德情操论》中提出的理想：

> 以他者为念甚于为己而谋、抑己之私而行仁于外，人类天性之完善以此构成。

海底捞事件折射出消费者需要怎样的企业

2017年的海底捞事件①爆发时，我正随一个媒体团在国外采访。大家都不习惯西餐，所以每到吃饭时就念叨回国后到哪里"美食"一顿。一家经济报纸的总编提议说请大家去吃海底捞。

我很少吃火锅，海底捞只去过一两次。印象中它的服务算周到，环境有点挤有点吵，对菜品倒是没什么记忆，只记得最后的甩面表演很好看。对海底捞，我算态度比较中立的旁观者。

海底捞品牌为何对危机有缓冲力？

我想到的第一个问题是，向来喜欢舆论监督的媒体团团友们为何没有狠批海底捞？像这样证据确凿的负面报道，换到另一个品牌上，可能倍受打击甚至是灭顶之灾。海底捞为何有比较强的抵抗力和缓冲力？

因为海底捞是一个品牌，消费者对其怀有的忠诚度此刻发挥了作

---

① 2017年5～7月，《法制日报》记者卧底进入北京劲松、太阳宫两家海底捞门店，调查发现其后厨存在严重的卫生问题并将其曝光。

用。也许很难从财务角度对海底捞品牌进行度量，但从消费者的心理反应看，显然存有一种偏爱，也可以说是偏心。

世上没有无缘无故的爱，品牌忠诚是消费者长期积淀的感受总和。消费者并不会随便偏心谁。海底捞在历史上一定做过很多让消费者喜欢、信赖的事，让消费者形成了良好、牢固的主观认知，所以出现问题时，这些"前置""先入"的记忆和联想，会影响他们看问题的角度与程度。

海底捞比较厚实的品牌资产帮它抵御了危机的冲击，但这丝毫不能成为它对问题掉以轻心的理由。假如今后一而再、再而三出问题，特别是同样性质的问题呢？尽管那时它在同类企业中的表现还不算差，但它的品牌资产将迅速衰减甚至转为负资产。因为消费者不会总是偏心，如果有一天伤了心，就很难复原。

海底捞一定明白这样的道理，所以它对待媒体曝光的态度很鲜明：迅速反馈，实事求是；从董事会角度反思、担责、改进；件件问题有抓手、有着落。这是一个有价值观追求的企业应有的态度，是立足长期可持续发展必需的选择。而从功利性角度看，坦诚认错、积极改正也是赢取消费者和社会认可的最佳方式。

顺带说一句，面对危机，海底捞在公关方面肯定有策略，因为公关也是企业的一项基本职能。但如果以为这是个公关问题，可以靠公关手段解决，那就误入歧途了。幸好，从海底捞的公关表态看，更多体现的是价值观的要求和延续。

企业出错时怎样才能得到外界谅解？

从海底捞的几次表态，让我想到了第二个问题，就是当一个企业出错的时候，采取什么样的态度更能得到外界的谅解？

很简单。第一，认错，真把错当错；第二，改错，成为更好的自己。

说起来很轻松，做起来真不易。想一想，现实中，从组织到个人，特别是有点背景的，犯错后惯常的做法是什么？一是掩饰、掩盖错误，二是对错误进行"正确"理解，三是回避对错误的讨论或者干脆说纠错者错了，四是强调"我的错"比"别家的错"轻多了，五是声称有些错误是必要代价会长期存在，六是认为"瑕不掩瑜"，不能过于苛责，等等。在此大背景下，诿过作为企业出现问题时的常态反应已经司空见惯。

偏心的消费者往往也有上述态度，比如说"四个月才找到两只老鼠，真难为记者了"，"就算五星级酒店的后厨也是一样的"，"我感觉海底捞是被暗算了"，等等。这恰恰会加剧企业的诿过认知，而不是以恶为恶，把错当错。

但是，不真的认错，如何能好好改错？古话说"勿以恶小而为之"，现实中，把善恶是非问题变成大小多少的程度问题，让恶一次次逃脱，积少成多乃至再也无法回头，这样的例子还少吗？

颜回死的时候，孔子"哭之恸"，伤心到极点，为何？因为像颜回这样好学、不迁怒、不贰过的弟子再也找不到了。不迁怒，就是不把自己的怒气转到别人身上；不贰过，就是不犯同样的过错。很多企业老犯同样的错误，就是因为不彻底反省自己的错，而老是算计别人的错。

认错代价很大，不认错代价更大。如果一个公司真的到了认错就会消亡的境地，只能说明错误已经大到和认不认没关系了。相反，真诚认错和纠错，公众会给你意想不到的机会。

消费者究竟需要怎样的企业？

我在新浪财经、今日头条、微信"看一看"等平台上看了几百条与此事相关的网友留言，如果剔除一些特别情绪化的反应，总结起来，大体有如下结论：

1. 中国消费者是识货的，消费者认知的形成是理性的。企业做了什么，消费者会记在心里。

2. 中国消费者并不偏执苛刻，而是天然地具有一定的包容性。对犯了错误的企业，消费者的反弹总体是在一个正常区间里，而不是从此离场，抛弃企业。如果企业真诚认错并切实纠错，消费者对犯错企业的包容度会加大。即使是一些义愤填膺的媒体人，可能过不了几天又会去海底捞。

3. 中国消费者对各种企业神话会越来越警惕，并不会因为大度就对企业的问题视而不见。在某些方面，他们可能还非常"记仇"，比如他们对进到自己胃里的食物会有一定宽容，但对儿女喝的奶粉就极其挑剔。

4. 中国消费者对诚实的企业会越来越信赖。那些愿意接受监督、定期披露问题和解决之道、不讳过不讳言的企业，更容易让消费者产生亲和感。阳光是最好的防腐剂，公开是最好的监督，这话对一切组织都适用。

5. 中国消费者对于他们可以更多发声的企业会产生

更大的同理心。在充分竞争的市场中接受消费者选择的企业，是消费者可以更多自由发声的企业。平常多发声，多参与，多监督，企业真出了问题，消费者会当成自己的事，会有更大同理心，想着怎么帮助企业改进。

面对这样的消费者，企业应该做什么，应该怎么做，不是很清楚了吗？

最后，我们要向《法制晚报》表示敬意。它在评论中说："无论是知名的大型餐饮、食品企业，还是小作坊、黑窝点，只要事涉食品安全，我们的记者就会通过暗访等方式竭尽全力挖出真相。我们企盼着通过这样的方式来敦促餐饮食品企业严格自律，期待着在媒体的持续曝光和政府的严格监管之下，消费者可以拥有一个健康安全的消费环境。""对海底捞的报道不是起点，更不是终点，只要相关的问题依然存在，我们就会把暗访和曝光进行到底！"

媒体能有这样的立场，是消费者的福祉，也是企业自我加压、摒除侥幸心理的动力。

企业只有不断自我反省和自我超越，才能创造出属于自己也属于消费者的传奇。

灰犀牛和暗物质带来的启示

先说说灰犀牛

2017年春天，我在北京访问2006年诺贝尔和平奖得主、孟加拉国农村小微金融的开拓者尤努斯教授时，他告诉了我他一生的转折点。

那是1974年，36岁的尤努斯在吉大港大学经济系当主任，此时的他已经是从美国留学回来的知名教授。那年孟加拉国爆发了一场大规模饥荒，饥饿的人们遍布全城，很多人只能静静地躺在台阶上等死。"在这个物质丰富的世界里，就那么任由一个还不理解这个世界之奇妙的小婴儿，得不到生存下去所需要的乳汁。她哭啊，哭啊，最终睡了过去。第二天，她可能再没有继续活下去的气力了。"

"过去，向学生们教授那些高雅的经济学理论，总是令我感到快慰，以为那些理论应该是能够医治各种社会问题的。但是在1974年，我开始惧怕授课了。当人们在人行道上、在我的课堂对面的门廊里正在饿死的时候，我的所有这些复杂的理论又有什么用呢？"于是，尤努斯走进了贫困的乡村，开始了帮助穷人的探索。

尤努斯创办了孟加拉国乡村银行（格莱珉银行），他提出，乡村银行运作的最重要原则就是，人们不应该到银行来，相反，银行应该到民众中去。银行职员的工作不是坐办公室，而是与民众融为一体。他说，传统银行要求职员都要到办公室上班，而对穷人来说，办公室让他们畏惧，疏远了和银行的距离。

在乡村银行的16条决议中，有几条让我印象特别深刻：

> 我们不要住在破房子里。我们要修缮我们的房屋，并努力工作争取尽早建造新房子；
>
> 我们要教育我们的孩子，一定要教会他们挣钱谋生，要为他们付学费；
>
> 我们要保持我们的孩子干净，环境清洁；
>
> 我们要修造并使用厕所；
>
> 我们要饮用从管井中打出的水，如果没有管井的水，我们要把水烧开，或是使用明矾把水纯净；
>
> 我们要在我们所有的中心引入体育锻炼活动。我们要集体参加所有社会活动。

每个人都是未开发的宝藏，具有无穷无尽的能量，当他的基本生活得到改善，他的人力资本就有可能得到成长，而人力资本比任何其他资本都重要。

在一个下午，格莱珉（中国）的负责人和我在一起交流。我问他："为什么让那些穷人先修厕所？"答案并不是我想的，卫生条件改善，身体健康，还款才不会有问题。更重要的原因是，在落后的村子里，如果你修了一个条件好一点的厕所，它会具有社交功能，有助于形成社会网络，这对创业经营是很有好处的。在某种意义上，厕所是一种社会资本。

联系到尤努斯对厕所功能的看法，我想到的是，也许从数量上说，中国的人口红利正慢慢消失，但是中国人口的质量红利还有巨大的空间。"补齐群众生活品质的短板"，光这一句话，潜力就大的不得了。

除了质量红利，在激发人民群众的创造力、创新力、积极性和奋斗精神方面，我们也依然有巨大的空间。中国的老百姓，只要给他们起码的尊重和关切，只要法治化、市场化、放管服的环境不断优化，他们身上蕴含的能量是无法想象的。

借用经济学家的话，所谓经济发展，从供给侧就是"让一切人在一切可能的方向上得到成长"，从需求侧就是"过去女王穿的丝袜现在普通工厂女工也可购得"。经济发展，既是创造性发挥的结果，也是普惠化、民主化、大众化的结果。

比如，有一种市政债，低息，面对市民发行，用于改善短板人群的环境，同时政府在土地出租方面给出优惠条件，我相信就有可能形成一种可持续的供给机制，帮助他们用和目前差不多的租金水平，告别"三合一""多合一"的处境。

当我们更加走进人，以人为中心，我们就有更大的把握，把灰犀牛真正关住。我们离人越近，灰犀牛就离我们越远。这种发展，是人文的发展，是和谐的发展，也是文明的发展。

再聊聊暗物质

暗物质，简单地说，就是宇宙中不发光的物质。

20世纪30年代，科学家在研究星系团时发现，用力学方法测到的质量大于用光学方法测到的质量，这说明有些物质存在是不发光的。欧洲普朗克宇宙探测器团队推算，宇宙由4.9%的普通物质、26.8%的暗物质和68.3%的暗能量组成。

灰犀牛跑到眼前，是庞然大物，暗物质则看不见摸不着。灰犀牛提示我们，远的就是近的，人无远虑必有近忧；暗物质促使我们思考，小到看不见的就是大到无所不在的，无形的内在因素往往驾驭有形的外在实体。

经济社会领域的暗物质在哪里？在人心里。牛顿说："我能预测天体的运行，但不能预测人性的疯狂。"

为何我会从暗物质粒子想到社会与人心？因为现实中的热点难点不断让人触动——人与社会的文明进步，比起牛顿三大定律那样的知识普及，要难太多。

以前我写过一篇文章谈知识。知识有个特点，就是它和物质载体可以分离。你无法把外国的铁路搬到中国，但能把铁路的知识拿过来为你所用。"中国铁路之父"是詹天佑，他12岁到美国留学，耶鲁大学土木工程系毕业，以他为代表的这批理工男回国后投身铁路建设，并向大清商部建议，全国统一采用4英尺8英寸半（1.435米）的标准轨距，统一工程标准，推广使用"詹尼式自动车钩"，这就是知识的应用。消化了学来的知识后，詹天佑再自主创新，主持京张铁路时首创了"竖井开凿法"。

知识与承载知识载体的可分离性，决定了后发国家尽管在物质载体（器物）方面落后于先进国家，但只要在知识上和世界接轨，用最新知识武装自己，就有希望快速追赶并且超越，而先进国家的器物固化后，无法打掉重来，反而成为更新的障碍。

"中国制造"也是同理。像"王传福""李书福"们造车，最早都是买来国外的车，拆解，然后看怎样用更低成本去造。当然，越是深度的、复杂集成的、看不见的知识，比如操作系统和芯片，模仿越难。这是中国企业的下一步——创造和智造。

改革开放之初，中国的物质面貌比世界先进水平差很多，但重视人才培养，大力引进先进技术、设备和管理，就能取得突飞猛进的成绩。中国用几十年时间浓缩别人一两百年的历史进程，关键在于汲取了新知识，并在庞大的人口和市场基础上将知识普及并应用。

可是，我们也会发现，正如过去常说的，"制度的现代化比器物的现代化难"，"文化的现代化比制度的现代化难"，从知识传播到物质环境建设，再到制度变革、社会发展，每跨一级，过去那种汲取新知所形成的赶超效应就越不明显。

比如说证券市场。中国证券市场建立得并不算晚，互联网传到中国是1994年前后，而1990年上海和深圳已经有了证券交易所，并且采取了比纽交所更先进的无纸化交易系统。1992年中国成立了证监会，而美国证监会是在华尔街运行了一个多世纪后的1934年才成立。但20多年过去了，中国证券市场还有一些问题待解决，还要努力从最根本的监管方面补课。

为什么我们的交易所大楼建得世界一流，但证券市场地基仍不牢固？最早酝酿筹备中国资本市场的一批"海归"都是华尔街精英，中国证监会也曾在2001年引进了香港的史美伦这样的专才任副主席。但有了知识和专才，股市就是知识和规则驱动的市场了吗？

很多用知识和规则建构起来的经济与社会架构，为什么在实际运行中会有种种"测不准"？因为人的存在，社会不可能把人抽离出来而建设。特别是那些负责让架构健康运行的规则守护人，他们的职责本是捍卫天平的公正与精确，但他们心中的暗物质却让天平失衡了。

请记住科学家们的判断，宇宙中只有4.9%的物质，剩余的95%是暗物质、暗能量在发挥作用。经济与社会，又何尝不是如此？

人心中的暗物质，一言以蔽之，就是"天下熙熙，皆为利来，天下攘攘，皆为利往"。欲望是动力，但不加节制也是罪恶的渊薮。无论老虎还是苍蝇抑或各种寻租者、投机者、内幕交易者、操纵市场者，他们的问题不是无知，不是不懂规则，而是逐利时贪得无厌，取之无道。

如何治疗社会顽疾

从无节制的利益驱动，到有规则的利益驱动，这是中国迈向更好的市场经济和公正社会的必由之路。如何处理新型政商关系，如何走好当官和发财两条路，这些要求都是在校正航向，订立原则。

《原则》是史上最杰出对冲基金——桥水基金创始人达利欧的心血之作。达利欧说："我一生中学到的最重要的东西是一种以原则为基础的生活方式，是它帮助我发现事实是什么，并且告诉我发现事实后如何行动。"

"尽管赚钱很好，但拥有有意义的工作和人际关系要比赚钱好得多。有意义的工作是指一项我能全身心投入的使命，有意义的人际关系是指我既深深地关心对方，对方也深深地关心我。"

在达利欧看来，把赚钱作为人生的目标是没有意义的，因为金钱并没有固有的价值，金钱的价值来自它能买来的东西，但金钱并不能买到一切。更聪明的做法是，先确定你真正想要什么，你真正的目标是什么，然后想想你为了实现这些目标需要做什么。金钱将是你需要的东西之一，但当你已经拥有了实现你真正想要的东西所需的金钱时，金钱就不再是你唯一需要的东西，也肯定不是最重要的东西。

今天我们社会中的很多问题，不是金钱不够的问题，而是找不到有意义的工作和有意义的人际关系的问题。后者才是生命中最重要的原则。当人生不是由原则驱动，而是由利益至上的"暗物质"驱动时，一定是一条饮鸩止渴的不归路。"老虎""苍蝇"富得几辈子都花不完，"穷"得也只剩下一堆存折和银行卡。

基层干部的原则是什么，可能不少人都忘了。有的人更愿意当"两面人"，对原则敷衍对付，真正追逐的还是利益。但过着违背原则的生活，能睡得好觉吗，这样的生活有什么意义呢？

我们方方面面都需要倡导和坚持以原则为基础的工作方式、生活方式。大道为公，大道是可以昭然于天下的，是要在阳光下践行的，知行合一，思行合一，言行一致，如此才有太太平平、安安全全的人生。

达利欧认为，一个机构就像一部机器，主要由两组部件构成：文化和员工、公开解决问题和分歧的合理制度。他们由此出发，在决策中创建了一种"具有可信度的创意择优模式"。

这个模式是什么意思呢？一般的公司里，决策要么以独断专行方式由高层领导自上而下做出，要么以民主协商方式由每个人分享各自观点，得到最多支持的观点获胜。但这两个决策系统都有缺陷，最佳决策应该是按照观点的可信度得出的，最具可信度的观点来自反复多次成功地解决了相关问题的人，能够有逻辑地解释结论背后因果关系的人。当基于可信度的观点评估能够正确实施并保持最佳效果，那就形成了最公平、最有效的决策系统。

达利欧指出，真正意义上的创意择优，不是来自"理论上的最好创意"，不是来自"只会逢迎的马屁精"，也不是来自"怀揣异议和不满的捣乱分子"。他给出了一个公式：无所不在的创意择优=极度求真+极度透明+兼顾考虑可信度进行决策。所有决策原则都以书面形式记录，之后再编码输入电脑，并以此做出决定。

达利欧讲的是公司决策模式，但这种思维和方法在社会治理、政府治理中同样可以借鉴。

"看在上帝的份儿上，千万别忽视了治理。"这是《原则》最后部分的一句话。

治理的学问真的很大。既要明确并且遵循治理原则，万万不能让暗物质主导了实际的治理过程，南辕北辙还觉得走在正确道路上。重要的是，治理需要方法，是一个系统。

在这个移动互联网、大数据、云计算、人工智能的时代，社会治理是不是也应该数据化、云化和智能化？如果像桥水公司那样，把决策模式落实为一套工作方法，用数字化工具来赋能和保证，那种"内部人说了算""表面一套，背后一套"的决策模式是不是就行不通了？中国有电商、社交平台，能不能努力建设现代化的社会治理平台？我们交过那么多学费，有那么多数据积累，也有过大量正面或者反面的算法的验证，完全有条件考虑建立基于原则的社会决策平台，让每个地方和部门都能更好地参与进来。

正因为社会公共治理难度很大，参数很多，暗物质参数更是叵测，现在更需要把分散在各地"孤岛"上的公共治理信息数据打通，用数据去促进深度学习，让决策能力进化。

互联网上的情绪能暴露出社会的问题，但情绪本身不解决问题。解决问题还要耐心扎实的工作，特别是通过创新，用新技术、新工具探索更具创造性的好办法，从而让人心中晦暗的东西被抑制，不至于演变为损人利己的伤害和危害，并让人心中美好的、智慧的、有意义的东西被激发，被选择。

从关住灰犀牛到抑制暗物质，坐而言，何如起而行。

走出"后真相"时代

2017年6月，SOHO天山广场在上海开业那天晚上，我和潘石屹聊了很久。当时有个不法商人在海外做的视频节目中，有两处提到他，都是造谣。他忍不下，就公开写文章回应并向法院起诉，说："我们不能像今天一样，任由他造谣，大家谁也不说出来，心里觉得懒得理，谣言就一直传播着。"

潘石屹是博客时代和微博时代一呼百应的意见领袖，时至今日却突然发现，尽管他说的是事实，但微博评论中却有很多人质疑他，或对他将信将疑，或干脆认为造谣者说的是真的。

这是一种什么现象？人们不是依据事实来作判断，而是选择他们想要的、倾向于让它发生的东西作为"事实"，然后说三道四。

《牛津词典》把这种现象叫post-truth（后真相）。它的意思是，在塑造公共舆论时，客观事实所具有的影响力，不如诉诸情感和个人信念。它被《牛津词典》评为2016年度词汇。

所谓"后"（post-），用《牛津词典》博客的解释，是指"超越"，指"所述的某个概念不再重要或不再相关的"，比如postnational（后国家的）就是指国家认同不再重要的。

另一部著名的《柯林斯英语词典》比《牛津词典》早几个月把post-truth收入在线词典，并引了《卫报》的说法为证："在这个后真相时代，只要谎话说得毫不犹豫，就能称王称霸。不诚实得越明目张胆，越不在乎被抓包，就越能壮大成功。"

从商业角度看，"后真相人物""后真相公司"俯拾即是。成了的叫梦想成真，输了的则身败名裂。我曾经参加一个金融界聚会，大家讨论起贾跃亭，一部分认为是庞氏骗局，一部分认为是"类庞氏骗局"（即主观无故意）。按我的看法，贾跃亭和乐视就是"后真相"的代表。为了融得越来越多钱支撑住扩张太快的企业，他们越来越倾向于"超越"真实，就像孩子们吹泡泡一样，乐视用PPT和Party试图改变全社会的心智，觉得这样做企业也能成功。他们的梦想是如此不可思议，以至于有几成兑现把握，他们并不真的关心。

"后真相"也可以用来形容我们身边的社交媒体。每天，都有很多"事实"与"真相"引发热议、争鸣、撕裂，人们信以为真地评论，精力旺盛地分享，即使基本事实动辄大逆转，人们也不知疲倦，新一轮评论分享接着开启。

"后真相"时代不等于不好的时代。万众都来参与事实的"塑造"，在某种意义上是把对"事实"的解释权还给了每个人，"事实"不再是某个权威定于一尊的事情。但"后真相"肯定也不是让人满意的时代，最起码，它让获得准确信息的成本提高了，人们的信任也被一次次浪费，未来如果有人要弄清今天的事情，会发现一桩小小的社会新闻都被弄得像盲人触摸的大象一样，起伏跌宕，跟帖和评论也成为"事实"的一部分。

我和很多人聊过"宁信伪，不认真"的"后真相"问题。它的成因究竟为何？

有朋友说，以前受过"重伤"，所以形成了认知惯性。比如今天在中国，领导性的乳品企业对产品的检测标准已经高出国际品牌不少，而且也开始走向海外，但很多孩子的父母还是习惯买洋奶粉。有的父母说，就算你定的标准高，中国的空气水土壤质量能和新西兰爱尔兰比吗，中国奶牛肯定用了很多抗生素。而事实是，抗生素没有谁能避免，中国大企业的规模化养殖比国外的散养更容易管理，给奶牛打抗生素有几天会受影响，办法是这期间的奶统统不用，检测无残留物后再用。中国乳品质量提高了一大截，但当年"三聚氰胺"留下的阴影并未完全消散。

全世界有很多品牌都是中国制造，完全一样的产品贴上不同的牌子，价格完全不同。这是一种"外国的月亮比较圆"的后真相情境。这个问题的讨论更加复杂，只能说一个大趋势，就是随着中国复兴步伐的加快，中国的月亮正在圆起来，比过去圆，有一天也可能比西方圆。

也有朋友说，"后真相"是社会分化和社会焦虑下的蛋。每当出现医患矛盾、师生矛盾、官民矛盾、警民矛盾，社交媒体上的声讨之声就会不断。很多人其实不完全是就事论事，而是基于他们的日常生活体验（比如"看病难"），移情于此，把他处的感受"代入"进来。

还有朋友说，信息不透明，辟谣不及时，遮遮掩掩、含糊其辞，这些极不明智的对事实的处理方式，让人生疑的同时，也留下了长久的隐患。有人对我说："你说潘石屹冤枉，是因为你和他熟悉，能接触核心事实。但一般人不熟悉，又没有办法当面对证，法院也没有宣判，而且很多辟谣后来变成了真的，一次次影响，受众就会根据经验，从主观上选择'事实'。"

如果更广地观察，"后真相"是一个全球性问题。

从过去几年全球著名词典的年度词汇看，一个突出特点是个人参与对事实的判断，要自己为自己做主，而不再简单地相信以前由"精英媒体"认定的"事实"。

2016年，《韦氏词典》年度词汇是"超现实"，Dictionary.com网站①年度词汇是"仇外情绪"，《柯林斯英语词典》年度词汇是"脱欧"，2015年《牛津词典》年度词汇是一个"含泪而笑"（face with tears of joy）的表情。所有这些都是根据网友热搜结果生成的，在某种程度上都反映了人们对现有境遇（事实）的不如意——他们希望重写事实，他们要主权意识，改变命运。

"后真相"在2016年成为《牛津词典》年度词汇，和这一年的英国脱欧公投、特朗普竞选美国总统，以及更多国家"激情盖过理性、立场重于事实"的政治氛围，是分不开的。

但这里的最大症结在于，靠"后真相"真能解决问题吗？在英国，很多人希望重新投一次票，在美国，特朗普的支持率不断下降。原来那些对政治很漠然、随便投了一票的人们后悔了，因为他们投出的"事实"正在成为一个更不能忍受的"事实"。

五年间，中国的经济增长速度是全球大型经济体中最快的，中国已成全球化的最重要推动力，中国在反腐、减贫、提升政府服务等方

---

① 全球第一家在线词典网站，成立于1995年5月14日。

面的成效也非常明显，但在理性平和方面，到底是增了还是减了，哪些增了，哪些减了？

讨论"后真相"时代的社会心态和思维模式，其背景是，在中国力量崛起后，如何能够恰当地看待和把握这种力量？

中国今天的力量，无论是自身的综合国力还是在国际社会上的影响力，都是一百多年来最强大的时候。在软实力和思想市场的国际竞赛中，中国正从美国手中赢得一部分客户和客户认同，不只是为世界生产产品，也在生产思想。

中国的迅速发展成长是一个"事实"。但如何总结事实的成因，如何对内对外有更好的沟通话语，如何在力量强大的时候量力而行，则是很大的挑战。

我的朋友张剑荆在十多年前写的《中国崛起》一书中说，在力量的背后是制度和文明的竞赛，制度生产力量也生产对力量的控制。在国家间的竞争中，最终落败的国家，其失败不是因为制度生产不了足够的力量，就是因为制度生产不了控制，有时二者必居其一，有时则两者同在。

除了制度，文化也是一个关键因素。从"20后"到"00后"，九个代际的中国创业者、企业家在同一个时空拼搏，不知疲倦，劳作不休，几乎不知道怎么打发不工作的时间，这背后必定有一种文化在起作用。

而与此同时，中国经济几乎所有的隐患背后，也有文化的作用。比如"做大文化"，为了做大而做大，动作变形也不顾；比如"人治文化"和"政府兜底文化"，从制度和契约看，很多金融风险的受害者应该自担责任，但由于政府长期形成的管制习惯，管制越多责任越大，最后总是选择刚性兑付；比如"政企不分的文化"，尽管政府不断强调各种经济主体权利平等，但事实上无论政府还是国企，都把国企信用基本等同于国家信用。

如果说中国和世界一样，已经身在"后真相"时代，那么，有没有一些办法，改善我们在这个时代的境遇，离理性平和更近一点？

第一个方法，是要用正和的思维代替零和的思维。

通俗来说，所谓正和，就是相信整个社会是向前发展的，总体利益是增加的，博弈中的双方利益都将增加，至少一方利益增加、另一方利益不受损害。由此出发，就会把如何促进发展放在第一位，就会通过合作（妥协）来博弈，而不是总想着剥夺对方而令自己获益。

正和思维也是增量思维，其重点是如何改善制度环境和社会文化环境，激发人们的能动性和创造性。如果立足于在现有存量中进行分配，你多我少，你大我小，那就会增加很多矛盾。

很多地方、单位、企业也是这样，以促发展为主，以做事为导向，矛盾就少。以折腾存量为主，以搞人为导向，矛盾就多。嫉妒是人的本性，不可能根除，但如果放任"搞人的文化"，让一些人把主要精力用于制造假想敌，制造别人的错误，活在别人的错误里，那这里就永无宁日。

同时，在通过正和思维创造增量的同时，要注意增量分配适度向相对弱势的群体倾斜，以矫正分化。这是为了克服"马太效应"的刚性，增加社会柔性。

第二个帮助我们靠近理性平和的方法，是要用协和思维代替对抗思维，也就是通过对自我的反思，以及对他人的设身处地，不走极端化，而寻求和合之道。

"后真相"时代的社会分化、焦虑和撕裂，并不是必然发生的，即使必然发生，其激烈程度也可以缓和，而不是劈头盖脸地打击别人，偏执地维护自己。这里最有效的方法就是换位思考。毕竟，退一步海阔天空。

例如当我们陶醉于互联网时代的诸多伟大成就的时候，是否能够对网络化程度不够的部分多些理解？一位商务部门的领导对我说，你写互联网公司的创新很不错，希望你也多了解一下传统商业零售的苦衷。传统零售的环节一批、二批、三批到零售，每个环节都缴纳5%到6%的营业税，从出厂价到零售价差不多是6到12倍的价差，比如一个羽绒被出厂价是400元，在大购物中心可能卖4000元，在一般商店也要2000元。虽然"营改增"之后有些变化，但基本结构还是没有变。而在西方，零售价是出厂价的3到5倍。所以国外线下的商业远远不像中国这样备受电商冲击。

那么是不是说，线下商业就是落后的象征，其所遭遇的冲击是新商业发展的必要代价呢？也未见得。传统商业是上门看货，消费者眼见为实，电商是流量经营，宣传包装的作用很大。传统商业有完整的质量控制体系，零售商（如上海第一百货商店）要负责进行商品筛选，不合格的就退回去了，而电商是交易平台，并不给你提供专业保障，你要自己当专家做判断，而由于知识所限，人人当专家是不可能的。

对上述这个涉及体制问题和税负安排的案例，以及中国今天的产品质量并没有随着数量的大大增多而提高的问题，我并没有专业判断力。但显然，那种一边倒的"先进/落后"的判断是不全面的。在增量市场，拜新技术和很低的制度性交易成本之所赐，互联网公司"大鹏一日同风起"。但在存量市场，线下的问题与矛盾，远非说传统商业就是不思进取、看不到未来那么简单。

中国文化的一个基本基因是"和文化"，多元致和，多元协调，方能化生万物。反观今日商界，恨不得消灭一切对手，攻其一点不及其余，而夸耀自己时则不遗余力，这样的现象何其之多！

最后需要强调的是，向着理性平和方向的努力，不等于把人们的思维局限在一个框框里强求一致。

中国历史上强调"和而不同"，就是说要尊重差别。西周末年，史伯在与郑桓公交谈时提出"和实生物，同则不继"，意思是西周快不行了，因为周王"去和而取同"，疏远直言进谏的君子，亲信与自己苟同的小人。"和"与"同"是不同的，"以他平他谓之和，故能丰长而物归之。若以同裨同，尽乃弃矣"。"以他平他"，是说相异的事物相互协调并进，就能发展；"以同裨同"，是说相同的事物叠加，其结果只能是窒息生机。

后来齐国的晏婴在阐述"和"与"同"的关系时也说，做菜，油盐酱醋必须"不同"才能成为菜肴，音乐必须"短长疾徐""哀乐刚柔"，有这些"不同"才能"相济相成"。再往后，孔子就有了那句著名的"君子和而不同，小人同而不和"的说法。

中国历史上的"求和而不趋同"的文化思维，于今仍不无裨益。"和"能生成万物，如同土加水成泥，可垒墙筑屋；加以火烧，可变成陶器。不同事物的对立统一运动促进客观世界的发展。而单调的

"同"却不能增益，土还是土，水还是水，没有质的变化，只能止步不前。

走出"后真相"时代，中国需要什么思维？答案就藏在我们自己的历史深处。

致中和，天地位焉，万物育焉。

希望我们能够走出"后真相"，开辟属于自己和世界的新时代。

在兵荒马乱的符号世界里找到更好的自己

生活对我来说呈现出一种越来越奇特的体验。

作为一个媒体人和读书人，我有机会不断去领略这个时代那些深邃的知识和开创者们的广阔视野。

作为芸芸众生的一分子，几乎每个礼拜，我也在信息海洋里被那些"少数的关键"所吸引和震颤。在具有共振效应的社交媒体上，一张照片、一段视频、一篇文章都可能形成惊涛骇浪。2017年，是中年人的保温杯与枸杞①，2017年又是远赴厄瓜多尔的中国冷藏运输船的命运②。

前一种体验，让人觉得思想永恒、智能无上，就像《未来简史》展望的，21世纪的人类能把自己升级为"神"，获得上帝才有的"创造出植物、动物和人"的神力。

---

① 2017年8月，微博上一篇关于黑豹乐队鼓手赵明义的博文走红网络，引起广大网民以保温杯为象征的中年危机的讨论。

② 2017年8月，一艘中国冷藏运输船因违法占有及运输禁渔品种，遭厄瓜多尔执法人员的扣押。

后一种体验，则让人从身边的点点滴滴里，迸发这样或那样的社会意识与情感。

语言、文字、图像、音频、数据……所有这些传播符号和文明载体，让人乐观的同时，又如同陷入了兵荒马乱、扑朔迷离的世界。

哈佛大学生物学家E.O.威尔逊2009年说了一句广为流传的话："人类的真正问题是：我们有着旧石器时代的情感，中世纪的组织机构和上帝般的先进技术。"在他的描述中，这三者同时存在，处于平行的没有顺序的结构之中。

这大概是人类有史以来面对的一个最大吊诡：身体进入了21世纪，拜先进技术之所赐，可能进天堂；社会组织与结构，和"黑暗时期"的中世纪有不少相似处；而人性，人的情感，还与一万多年前甚至几十、一两百万年前的旧石器时代差不多。

我们身处其中无处可逃，究竟该如何选择？

500年前的文艺复兴与今天的洞见

"如果以经济发展、预期寿命、成人识字率等指标来看，今天无疑是人类福祉提升最快的时代，但为什么人们的快乐程度并没有明显提高？"

"全球化一直被看作人类发展的福音，但从英国脱欧到美国特朗普当选，到极端宗教思潮和恐怖主义的弥漫，反全球化的声音也此起彼伏。能不能说，全球化也有上下半场，上半场人们更多看到'合'的好处，下半场则更多趋向于'分'？"

在上海交通大学上海高级金融学院的名家讲堂上，我向《发现的时代：21世纪风险指南》的两位作者牛津大学马丁学院的伊恩·戈尔丁和克里斯·柯塔纳提问。伊恩·戈尔丁曾经担任世界银行副行长和南非发展银行行长，他在2016年年初对商业领袖们预测，首先，英国人会通过投票选择"脱欧"；其次，唐纳德·特朗普将当选为美国总统。这两件事都被他言中了。

这两位作者的研究方法是"让历史告诉未来"，他们选择了1450年到1550年这一段文艺复兴时期作为研究对象，和当今世界进行比较。

500年前的文艺复兴，不只是带有普遍美感的神奇时代，还是一个激荡时刻——有诸多伟大的发现，也伴随着痛苦的社会动荡。一方面，1450年谷登堡发明了印刷机，1492年哥伦布发现了新大陆，1497年达·伽马找到了通往亚洲财富的海上航路，1513年哥白尼提出了日心说。这一切颠覆了过去的常识性"真理"，原来地球并不是静止不动，太阳也不是绕着地球转，人的心脏并非灵魂所在，只是一个血泵。印刷机印出的书本把这些新知识传播到各地。

而在另一面，风险也随之增多，新疾病如野火扩展至大西洋两岸，奥斯曼土耳其用火药这种新式武器使伊斯兰势力征服了地中海东部的丰饶土地，马丁·路德点燃了欧洲大陆的宗教革命，天主教会这一欧洲人生活中最重要的权威机构在重压之下永久分裂。

今天，类似的、升级了的场景和矛盾又在上演。柏林墙的倒塌类似于哥伦布的出海，互联网的出现不亚于印刷机的发明。500年前改变世界的是少数天才，今天改变世界的更重要力量是团队。人们会聚在一起相互学习，互联网冲破无数壁垒，多元化带来新变化，学习和创新的速度让一切演进过程都不断加速。

但硬币的另一面，21世纪第一个10年刻上去的头条新闻是

"9·11"事件、次贷危机、日本核泄漏等。作为城市纪元的第一代居民，人类享受着空前的全球化成果，而因碳污染排入大气聚集的温室气体浓度也是新石器时代以来未曾见过的，气候记录中15个最热的年份，有14个出现在21世纪。

文艺复兴时期的达·芬奇说："洞见是指引和门径，没有它，什么都做不好。"马基雅维利说："谁渴望预见未来，就必须征询过去。""无论过去，还是未来，人类都被同样的热情激励。结果就是，每个时代都存在同样的问题。"

在《发现的时代》一书中，两位作者说："我们所缺乏的急需之物，是洞见。洞见能使我们每个人将自己的日常生活转变为某种史诗般的旅程。并且，洞见能提升我们一起将21世纪打造为人类最好世纪的可能。"

但我依然在思考，为什么人类的快乐没有随总体福祉的提高而提高，而反全球化的力量却在上升？

弗里德曼[①]说"世界是平的"，实际不是这样，世界的高山丘陵在增加，有更多的起伏不平。如果你选对了地方，可能会占据优势，否则可能会被抛弃。

1490年的时候，威尼斯是欧洲最富裕的城市，因为它控制了欧洲的丝绸之路。1498年葡萄牙发现了另一条航海路线也能获得亚洲的香料和丝绸，于是贸易开始在海上流动，老的丝绸之路沿线的社区开始分崩离析，1499年香料的价格就跌了一半。威尼斯商人并没有做错什么，他们的商业模式和以前一模一样，但经济中心转移了，从地中海

---

① 托马斯·弗里德曼（Thomas Friedman），新闻工作者，专栏作家。曾著有《世界是平的：21世纪简史》《从贝鲁特到耶路撒冷》等畅销书。

沿线变到了大西洋沿岸，原来的优势就丧失了。

现在的很多工作就像当年的威尼斯商人，牛津马丁学院的研究指出，未来20年，47%的美国工作岗位都有可能被机器智能和机器人所取代，世界会出现大量"无用阶层"。

而在公共产品方面，大家都想获得公共资源，比如足够的水、能源和矿藏。需求越来越多，如果毫不节制，就会发生灾难性的气候变化，最后就是没有能源和资源可用。就像钓鱼，作为个人去钓鱼当然没问题，如果人人钓鱼就会出现大问题。越来越多人吃寿司，太平洋蓝鳍金枪鱼就在灭绝，越来越多人要犀牛角，犀牛这个物种就会灭绝。动物也好，树木也好，再生的速度要远远慢于我们消耗的速度。

健康方面也有同样问题。我们吃抗生素越来越多，可以有效控制疾病，但细菌抗药性越来越强，抗生素疗效反而在削弱。这个时候就要求我们控制自己的自由。

此外，不平等现象在扩展。这并非全球化才有的问题，但是是有人被全球化排斥或抛弃才出现的问题。投票脱欧和选特朗普的人，大部分并不在伦敦、洛杉矶、纽约，而是那些没有抓住全球化机遇的人。如果住在美国中部，生活可能比20世纪70年代还要糟糕，脱离贫困境遇的机会比那时还少，所以他们不愿意开放，而要把外国人阻挡在外。在英国北部许多城镇，原有的工业垮掉了，工人们没有钱搬到伦敦找工作，被世界的快速变化甩在了后面。他们当然反对移民，觉得东欧人抢了他们的工作。

上述境遇必然形成一种社会情绪，就是痛恨少数人占有的财富越来越多，还痛恨富人们通过离岸中心以避税，痛恨政府腐败和公司丑闻，痛恨全球化的赢家获益如此之多，输家却什么都没有，痛恨赢家压根就不愿意重新分配所获的利润，最后整个社会充满了一触即发的火药味，对所有人都不利。这就像文艺复兴时代，教会非常奢侈，人们要缴纳高额的税，普通人在精神上和物质上却没有什么自由，更谈不上改善。这就可能导致一系列极端的后果。比如当时的佛罗伦萨是世界各地学者的"麦加"，但佛罗伦萨被极端主义者控制后，罗马天主教教会腐败透顶，在欧洲兜售"花钱可以进天堂"的赎罪券。渐渐地，所有新思想都停滞了。

人类"长生"的解决之道

500年前的文艺复兴和大航海时代，人类在面对陌生世界的挑战时，最终找到了政治、经济、技术等方面的解决方案。今天，乐观主义者们相信，人类依然能找到解决方案，成功地创造未来。

但一个正在变得现实的问题是，找到新解决方案的"人"，还是过去的人吗？

这两年大热的《未来简史》作者尤瓦尔·赫拉利强调的重点是，现在是有史以来最好的年代。世界上因为饥荒、瘟疫和犯罪而死的人，远远少于历史上死于自然灾难的人；发达国家遭遇恐怖袭击而死的人远远少于吃垃圾食品而死的人；如果埃博拉病毒发生在一两百年前，死亡人数不会是今天的1万人，而是百万级的人。赫拉利说，20世纪人类的预期寿命已经从40岁增加到70岁，21世纪至少应该可以再翻倍到150岁，虽然这和"不死"还差一大截，但仍然会让社会发生天翻地覆的变化。

由于人工智能、基因工程、再生医学、纳米科技的发展，越来越多科学家预言，人类到2200甚至2100年就能打败死亡。死亡作为一个技术问题是可以克服的，人的长生不再是不可逾越的问题。

在接受电视采访时，赫拉利说，人类的长生之道有三种：

> 一是用生物技术，就是改变、"升级"自己的生物身体；
>
> 二是用网络电子工程技术，就是让有机身体接入非有机零件，例如手臂和眼球，或者将微型的机器人植入细胞或血管中；
>
> 三是制造一个完完全全的非有机身体，有可能将人类意识上传到电脑中。

目前这些事可能只是在一些实验室进行，谁也不知道这些创想最后会产生什么。过去40多亿年，生命一直局限在有机化合物的相对较小的范围中，但21世纪的人类已经走到人造非有机生命体的边缘——从有机体到无机体。

奇点大学创始人彼得·戴曼迪斯2016年写过一篇文章，他认为人工智能只是一个过渡阶段，充分融合人工智能的人类智能（HumanIntelligence，HI）才是智能的更高级形态。一家名为Kernel的公司正在将这一设想变为现实，它主要利用神经义肢技术（neuroprosthetics），就是在人脑中植入相关设备，改善人类的认知能力。

戴曼迪斯说，人类大脑由1000亿个神经元细胞组成，构成100万亿个突触连接，这些细胞以及细胞间的突触连接造就了人，控制人的思考和感觉。神经元组成的大脑加上感觉器官，塑造了人感知世界的方式。当这个系统受损、失效时，就需要神经义肢技术，用电子装置代替受损神经系统或感觉器官功能，比如1957年有了第一例帮助聋人获得听觉的人工耳蜗的植入。这个领域就是脑机接口（BCI）——大脑中枢神经系统（CNS）与外部计算设备之间的直接信号通路。脑机接口技术的目的是实现将外部数字世界与大脑CNS无缝连接，以增强或修复人类认知。

如果Kernel公司的设想能变为现实，人类将拥有强大的脑机接口，并快速修复和增强大脑功能，最终可能使人类与人工智能"合二为一"，成为另一种更高级的人类智能。

人类一直在创造智能工具，扩展自身的功能。但这一次，人类开始将工具结合到生物体上，并以指数式速度快速变化。工具正在改变人类这一物种——人类通过工具进化人类自身，从自然选择的进化（达尔文主义）迈向智能化方向的进化。

戴曼迪斯问道，我们能模拟神经元放电的自然功能吗，我们能够改善神经电路吗，我们能使某些记忆更强吗，我们能让某些记忆变弱吗，我们能用类似合成生物学或基因编码技术解密生物编码的方式来解密神经编码吗，我们如何读取和写入神经元信息？

奇点大学校长库兹韦尔对上述问题几乎都是肯定答案。他预言2030年之前，人类就能将纳米机器人（通过毛细血管）输送至大脑中，从人体神经系统中为人类提供完全沉浸式虚拟现实，并将大脑新皮层连接到云存储上，人类将能够在云存储中扩展大脑新皮层功能。

当一个人90%都变成了义肢，他还能称为"人"吗？

我在不久前和"第四范式"的创始人、80后科学家陈雨强交流了人工智能与"长生"的问题。他说AI在某些方面已经比人强，比如机器看病人的片子，不会疲倦，不会因此犯错。比如视觉识别领域有一个比赛，叫ImageNet，基于斯坦福大学等学校收集的数据集，其中有猫狗、山水、建筑等几万个自然物体类别，目前人工智能已经比人类识别更加准确。同样识别1000张图片，机器可能错3张，人类可能要错4到5张。但这并不代表计算机视觉完全强过人的视觉，因为人的视觉背后还有知识体系的存在，那就是物体和物体之间是存在普遍联系的，虽然猫和狗不是一个类别，但猫和狗对人有着千丝万缕的联系，猫狗之间也有各种各样的联系，机器目前还无法掌握这些联系。

陈雨强对"长生"的看法是，从技术上说，目前还处于脑机接口的阶段，就是说接收脑的指令，而不是接收脑的记忆或者模拟脑的思考方式。"脑机接口本身并不神秘，上大学时我们同学就做过小试验，在测试者脑上抹上导电膏，然后戴一个上面有好多导体的帽子，用来检测脑电波，然后控制赛车，让它正常地跑在跑道内。"

而如果要实现人的永生，"可能分成三个阶段，第一个阶段是义肢的增强阶段，现在接上义肢，人还不能很好地控制，所以目前的研究重点还是人机接口；第二个阶段，随着人机接口做得越来越好，为了解决人体器官衰老问题，就会发现人越来越多的器官和肢体被义肢化，最后只剩下一个脑袋了，这就有点像《黑客帝国》里的脑后插管，那时不再需要肉体；再往后的第三个阶段，可能就是把记忆、逻辑、思维方式通过某种方式记录下来，让大脑也获得永生。"

陈雨强认为，某些技术尤其是义肢技术，对人类很有意义。但对再往后如何保存大脑中的信息，应不应该保存，应该保存多久，由谁保存，这是很难回答的问题。他觉得，社会奇点（突变点）会发生在义肢化阶段，而不是思维被保存的阶段。当一个人90%都变成了义肢，他还能称为"人"吗？这是非常大的挑战。

你我该怎么办？

这篇文章写到这里，把全球化、智能化的场景做了一个大致的勾勒。接下来的问题是，我们该怎么办？

短板决定社会感受

首先我想到的是，一个社会的总体福祉提升再多，如果不能很好解决机会的公平与利益的分享的话，其幸福感并不会按照人均GDP增速那样，一条斜线向上。相反，它会充满波动和阵痛，甚至出现下降。如果社会严重分化，整个社会情绪的均值会向下移动，向负能量方向移动。因为在严重分化下，受益一方不敢或不愿赞美与讴歌，而利益受损者及境遇相对变差者，则会大声疾呼各种问题，这些局部的痛点一点点累积，扩延，就会变成社会阵痛，而且长期化。

责任和素质决定你的角色

包括《发现的时代》的两位作者在内，全世界越来越多的精英都认同中国是促进全球化的积极力量。伊恩·戈尔丁说，过去35年一直跟中国领导层打交道，一直建言中国要更多地成为负责任的大国，以前中国说我们自己还没有做好准备，而且世界各国也不一定很信任我们，但今天，当美国和欧洲退缩的时候，当变化的世界不再需要"几个老男人坐在一个房间里抽雪茄来决策"的时候，当新的力量和新的事物不断涌现的时候，中国在给全球化和世界人民注入一种乐观情绪，就是不要各自为政只顾自己，中国将会扮演更重要的角色，不管是知识经济还是全球治理。

新角色要求更高的素质。中国改革开放吸收消化了人类现代化进程中很多行之有效的新知识、新方法、新技术，再结合自身实际开辟了自己的道路。当中国进一步走向世界发挥作用，我们对自己过往经验的总结到底准不准确，这些知识能不能成为"通识"，我们有没有建立起理性健康的思维？走向世界的中国人是成为被各国认可的世界公民，还是像被厄瓜多尔扣住的违法渔船"福远渔冷999"那样，激起当地人那么多仇恨？

为自己绘制新地图

在这个数据主义流行、权威从人转移到算法的时代，应当坚持让科技服务于人，而不是让人服务于科技。同样的科技可以建造不同的产品，建设不同的社会，这背后是不同的道德和价值观。技术本身是中立的，使用技术的人才明白怎样让人类社会变得更好。

我两年前开始内容创业，现在想来，这就是在为自己绘制新的地图。"如果上帝不拿走你的过去，就会拿走你的未来"，所以要开始新旅程。不求一鸣惊人，但要一诺千金，在商业文明研究和传播之路上，不偏离不旁移，一以贯之。

在这兵荒马乱的符号世界和现实里，怎样找到更好的自己？我对自己说：

以定制不定。外部再多变化，自己要有一些确定和安定的东西，比如要好好锻炼身体，坚持学习，按照既定目标一步步走。

和而不伤害，这就是天伦中包含的天性。伤害的形式是多种多样的，一句居高临下的恶言恶语也是伤害。我们正应该做到古人所言的"己所不欲，勿施于人"。

以利人达到利己。人和动物的最大不同，是人除了传承生物基因外，还在传承文化，可以通过符号学习"活"在祖先的世界里，"活"在远到地球任何一个角落的世界里，从而在有限时间"活"出无限体验，每个人都继承并享受着人类的文明精华。尽力利他，就是偿还这种福报。更不要说，不好好利他，如何能真正利己？

常怀敬畏和自制力。敬畏和自制不是恐惧忧患，自我设限，而是在真理和规律面前，保持谦卑和克制。"道也者，不可须臾离也；可离，非道也。"所以即使没人看见，也要慎独。

上述几句话，权作写给自己的《21世纪个人风险指南》吧。

从大洋的彼岸照见中国

全球性的刺激在地区语境中所引起的革新具有建构性和多元性，为了回应物质性的文化压力，经常会出现新的格局。它们不仅不会消除现有文化的差异，而且还用混合的形式建立起新的多元性。

——哈贝马斯

当大英帝国和美利坚霸权已成往事

　　未来几十年，中国究竟能不能继英国和美国之后，成为全球性的领导力量呢？可能会也可能不会。但可以确定的是，今天的世界和英美执全球牛耳之时的世界，已经不是一个世界了。

　　类似这样的问题，伴随中国崛起，美国人问的可能更多，甚至已成为美国政治中的常设议题。

"建立一种全面的世界新秩序概念"

　　2017年的9月25日，美军最高军事长官、参谋长联席会议主席约瑟夫·邓福德在出席国会听证会时说，朝鲜是当下美国最大的安全威胁，俄罗斯总体上依然是一个威胁，"但如果我把目光投向2025年，考虑那时人口与经济状况，我想中国可能会在大约2025年前对我们的国家构成最大威胁"。

　　邓福德说，美军正面临能力下降的现实，"美国最大的优势是能够在世界任何地方部署并维持军力。俄罗斯和中国正试图削减这一优势，将美国与欧洲和太平洋的盟友分开"。

在霸主思维模式下，一旦有某种新力量可能削弱乃至打破这种地位，它就会焦虑和不适应。苏联1957年成功发射了世界第一枚洲际导弹，将第一颗人造地球卫星送入太空，1961年成功发射载人飞船，航天员尤里·加加林开创了人类太空飞行新时代。这些成就让当时的美国极为震惊，公众甚至认为苏联抢在美国前发射人造地球卫星相当于太空的"珍珠港事件"，加加林太空飞行成功更被许多人当成苏联超越美国的新证据。肯尼迪在总统新闻发布会上被问到"我们赶上或超过苏联的前景如何"时说："没有人比我更感到烦恼了。"苏联在航空航天领域的突破，倒逼美国在1958年成立国家航空航天局，后来通过"阿波罗计划"实现了人类首次登月。

基辛格在2017年举办的"中美大学校长和智库论坛"上表示，中国的"一带一路"倡议寻求将中国与中亚并最终与欧洲相连，它将把世界重心从大西洋转移至太平洋，如果中美不能维持积极关系的话，将是一场全球灾难。他说，必须"把我们的关系从实践层面提升至思想层面，从解决日常问题提升至建立一种全面的世界新秩序概念"，"必须看到一种共同发展而非安全的概念"。

基辛格的说法是睿智的，就是美国如果不能跳出原有的秩序框架，就无法建设性地包容世界的新力量。

而对中国来说，问题在于，当她的力量注定会越来越大地影响世界的时候，她如何让世界相信，因为她的融入和深度参与，世界秩序不会更紊乱，而是更稳定和更有前景。

今天如果中国要成为全球性的新的领导力量，其可能的含义究竟是什么？

首先，让我们看看英美在主导世界的进程中遭遇到了什么问题，以至于无法再延续原有的主导权。

英国为何不能恒霸天下？

先说英国。它曾经统治约占全球四分之一的疆域和人口，以及地球上的几乎全部海域。

英国失去世界霸主地位的原因，简单地说，一是自己实力变弱了，二是别人"不干了"。

英国在19世纪中期是"世界工厂"，工业最发达。但从1870年到1913年，英国的工业总产量占世界的比重由32%下降到14%，19世纪90年代被美国超过，20世纪初被德国超过，1913年英国钢产量已不到美国的三分之一和德国的一半。英国对外贸易占世界贸易总额的比重也由1871年的22%降到1913年的15%。

在以蒸汽机为标志的第一次工业革命中领先的英国，因为打遍世界无敌手，对未来缺乏积极投资，因此在以电气化为标志的第二次工业革命中不再领先。

尽管在工业中失去了霸主位置，但通过对外输出资本特别是对殖民地的投资与控制，英国的全球影响力依然巨大。1914年，英国殖民地的面积为3350多万平方公里，比本土大110倍，人口近4亿，是本国的9倍，仍是"日不落帝国"。英国对外的资本输出超过德、法的总和。所以弗格森①在《帝国》一书开篇引用了一位教授1909年所说的话："英国如今控制着3.5亿海外殖民地居民的命运，如果没有一支强大军队的保卫，这些人无法获得有效保护，往往容易遭受掠夺和不公

---

① 尼尔·弗格森（Niall Ferguson），英国著名历史学家，代表作有《帝国》《巨人》《罗斯柴尔德家族》等。

正的待遇。英国对殖民地居民的统治并非无懈可击，这点毋庸置疑，不过我敢说，在此之前，没有任何一个宗主国能够给予其附属国人民如此礼遇。"

但是，短短几十年后，"给予其附属国人民如此礼遇"的英国殖民体系就瓦解了。两次世界大战消耗尽了英国的力量。殖民地不仅瓦解了，而且当年被殖民的地区还要对殖民国家"不依不饶"地进行"清算"。

2001年在南非德班举行的反对种族主义、种族歧视、仇外心理和相关的不容忍现象世界会议上，通过了《德班宣言》，其中提出"世界会议对于奴役、奴隶贸易、跨大西洋的奴隶贸易、种族隔离、殖民主义和种族灭绝给千百万男女和儿童带来的深重人类苦难和悲剧性灾难，呼吁有关各国纪念过去惨剧的受害者，并申明，无论这些现象在何时何地发生，都必须受到谴责，并防止再度发生"，宣言还呼吁采取"在国家、区域和国际三级规定有效的补救、追索、补偿、赔偿和其他措施"。

这是什么意思呢？举一个例子，1999年4月，非洲真相与和解委员会公开要求"西欧及美洲参与贩奴贸易，并从贩奴及殖民统治中受益的所有国家和机构"应该作出赔偿。根据"奴隶贸易中非洲损失的人口，以及殖民统治期间非洲被掠夺的黄金、钻石及其他矿产的价值估计"，赔偿总额应该达到777万亿美元。1850年之前，1000万左右被运往大西洋各国为奴的非洲人中，有300万人是乘坐英国的船只漂洋过海的，因此，英国应承担的赔偿款可能高达150万亿英镑。

关于大英帝国霸权的辩论

弗格森的《帝国》一书在一定程度上是为大英帝国辩护，他反对把"殖民主义"与奴隶制、奴隶贸易、种族隔离、种族灭绝等放在一起谴责，反对把英国的辉煌看作压迫、剥削、屠杀和掠夺的结果，而认为英国的殖民统治给很多地方带来了益处——正如丘吉尔参与第一次殖民战争归来后所说的："一个文明的社会所从事的事业中，还有什么比开垦蛮荒之地，让其土地富饶、人丁兴旺更为崇高和利人利己的呢？给争战不休的部落带来和平，给野蛮暴力的社会带来公平和法制，打破奴隶身上的枷锁，从土地中收获财富，种下商业和教育的种子，帮助整个民族追求幸福，消除痛苦，还有什么理想比这些更加美好，更有价值，更能激发我们的努力？"

在弗格森看来，大英帝国在世界近四分之一的疆域中强制推行自由贸易、法治、投资保护和相对廉洁的政府，改善了全球的福利，"历史上没有一个国家或组织在促进商品、资本和劳动力的自由流动方面比19到20世纪的大英帝国做得更出色"。他认为仅用"绅士资本主义"不足以体现大英帝国的经济成就和对现代化进程的贡献，那些批判英国在海外统治的观点都忽略了"一个显而易见的美德"，即"它在当地高度清廉的行政管理"。

弗格森并不否认英国人做出过专制暴虐的行为，但他认为，每当此时，"总会从英国社会内部涌现自由的批评声"，"相当于赋予了大英帝国某种自我修正的品格"。"一旦一个殖民社会完全采纳，并实行了英国人带给他们的这套制度，那么英国人就很难再阻止这些人寻求和行使政治自由了，这种自由对于英国人来说也极为珍贵。"

和弗格森的立场不同，自由主义者认为，自由的经济融合要比通过帝国主义手段实行强迫性融合更有效，英国投资于国内的产业可能要比向遥远的殖民地一掷千金更有意义，无论是贸易还是文明传播都不需要帝国主义组织的强制推行。相反，使用武力可能一事无成。他们认为，如果英国在19世纪40代中期就甩掉帝国的包袱，那么它有望获得的"去殖民化红利"相当于减税25%，省下来的税赋可用于投资电力、汽车、耐用消费品行业，从而极大地促进家乡工业的现代化。

至于大英帝国的全球影响力，自由主义者也认为完全可以通过贸易本身来实现。贸易是一剂"万能良药"——"它就像一项有益的医学发现，给世界各族人民带来对文明社会的健康追求和体验。造访过英国大规模工业基地的商人回到自己的国家后，也将变成一个传播自由、和平与良政的布道者。与此同时，我们的足迹遍布欧洲各个港口的蒸汽船，以及备受各国瞩目的铁路，这些都成为我们宣传文明体制价值最好的广告和入场券。"

在大英帝国已不复存在的今天，这一最基本的问题似乎仍无答案，因为历史无法重演。

一种观点是，国际贸易带来的利益本应该、也能够在不建立帝国的条件下实现，因此大英帝国完全没有存在必要，贸易能解决一切，包括世界和平。

而弗格森的观点是，从理论上说全球化有可能在多边合作的国际体系中自发形成，但更常见的情况是，欧洲体制主要是通过武力，确切地说是在枪炮的威逼下被强制实施的。大英帝国就是通过霸权国家推崇经济自由主义的例证。他最后的结论是："无论是好是坏，是圣洁还是污秽，我们今天所看到的世界，从很大程度上说就是大英帝国时代殖民统治的产物。现在的问题不是讨论大英帝国主义是否有污点，它当然有，但问题是，我们是否应该另辟蹊径，找到一条不这么血腥的现代化之路？从理论上说，这或许可能。但是，从实践中来说呢？"

美国为什么不能恒霸天下？

接下来谈谈美国。

第二次世界大战后，人口占世界6%的美国拥有世界经济产出的40%多，生产世界近一半的电力，控制世界约60%的石油储备，还掌控着金融体系的话语权。杜鲁门总统说："我们是经济世界的巨人。无论我们愿意与否，未来经济关系的模式取决于我们。世界正在看着我们的脸色。选择权在我们手中。"冷战结束后，美国是世界上唯一的超级大国。

但是美国非常不愿意被看作帝国和殖民主义国家，而更愿意被看作一个共和国。即使在美国对伊拉克发动进攻时，当时的国防部长拉姆斯菲尔德也对半岛电视台说："我们从来不曾是殖民国家，我们没有带着部队游走世界到处掠夺别人的房产或别人的资源、石油……缔造帝国的苏联是那样做的，但美国不会这样做。"用小布什的话，"打败敌人之后，我们留下的不是军队而是议会和宪法"，他还说美国是历史上第一个可以有机会成为帝国而拒绝成为帝国的国家。

虽然从扩张疆域的意义上，美国从未有过大英帝国那样的版图，但美国在全球的军事部署丝毫不次于大英帝国。弗格森在《巨人》①

---

① 在《巨人》中，作者认为美国一直以来拒绝承认自己是一个帝国，同时也在节中展示了美国式帝国主义的种种后果。

一书中做了这样的描述：

> 入侵伊拉克的军事部署之前，美国在超过130个国家
> 里有大约752个长期军事设施，大量的美国部队驻扎在其中
> 的65个国家中。这些驻扎地区极大程度上证明了布什总统
> 2003年2月26日的那番讲话毫无根据，小布什声称："1945
> 年打败敌人之后，我们没有留下占领军。"新的战争又意
> 味着新的基地，如1999年科索沃战争中美军在科索沃地区
> 获得的军营，或在阿富汗推翻塔利班政权的战争中获得的
> 吉尔吉斯斯坦的比什凯克空军基地。

评论家们指出，"五角大楼的预算相当于军费支出最多的前12或15个国家的军事预算的总和"。陆地上，美国拥有9000辆M1亚伯拉罕型坦克，没有哪一个国家能与之相比；海上，美国拥有9个"超级航母"战斗群，其他国家一个也没有；空中，美国拥有三种不同类型的隐形飞机，其他国家也没有。大英帝国也有科技领先的年代，但是他们的帝国从未像今天的美国那样在军事力量上拥有全方位的优势。

这些事实清楚地证明了帝国的存在，当然，用美国人的话，他们是"受邀的帝国"。美国与不少于48个国家和地区签订盟约，所以说是受邀。弗格森在《巨人》中又评论说："美国竟然接受了如此多的邀请。一项估计表明，1946年到1965年间，美国在168个单独场合中进行了武装干预。"但问题是，处处受邀的帝国，就能恒霸天下吗？

有人认为美国在维护国际秩序方面做得还很不够，在波斯尼亚、科索沃和阿富汗的"国家再造"成果还不够帝国化，缺乏成效，远远

赶不上昔日的大英帝国。当年如果不是大英帝国的舰队到非洲制止部落酋长贩卖奴隶，奴隶制可能还在延续。

有人认为美国已经过度帝国主义了，全球化已经成为发达国家掠夺全世界的机制。

这里不做更多讨论，只想重复一下保罗·肯尼迪的预言——正如在此之前的所有"大国"的经历一样，美国在军事及财政上的"过度透支"将注定使其失去经济优势地位，走向衰落。

今天的世界还会有英美那样的霸权吗？

无论大英帝国和美国是不是开明的"绅士资本主义"或"人权帝国主义"，我们发现，最现实的问题是，当它们试图主导和控制世界时，尽管能在某些时间取得对某些空间的霸权，但随着世界的变化，它们都没有力量持续进行控制，都越来越乏力、无力。这和人类历史上所有帝国的命运几乎都一样。

20世纪的一大遗产是独立与自觉，诞生了许多新的国家和地区。当国家主义和民族主义解决不了发展与平等的问题时，从20世纪末开始，在一些地方，人们重新诉诸宗教和种族。同时，极端势力也开始萌动。尽管"独立与自觉"之后带来的并不都是良治，甚至出现了不少畸形乃至失败的国家，但世界注定不会再回到需要由某个霸主来决定的轨道。

世界经济论坛发布的《2017全球风险报告》将风险分为经济风险、环境风险、地缘政治风险、社会风险和技术风险，细项则有几十种。连接越紧密，科技越发展，风险爆发的连锁反应和相互影响就越大。在这样一个世界上，迫切需要合作治理的新秩序，需要各国对国际责任的共同担任，但是，单靠哪个国家去主导已经很不现实。今天要像当年的英国和美国那样称霸世界，已经不可能了。

中国正在崛起和复兴，回顾历史，直面复杂的世界环境，不管将来发展到怎样的程度，在国际舞台上都应采取雄而不霸、强而不横的姿态，如此才能真正对自己负责，也对世界负责。

时间开始了——欧游心得（上）

2017年的下半年，我去了欧洲三次，德国、英国和法国各一次。在全球经济中，这三个国家的经济总量是美国、中国、日本之后的四到六名。从政经角度看，它们也是欧洲最重要的国家。欧洲历史上战乱频仍，一直有"统一梦"。因为英国，欧洲的统一始终存在离心力；因为德国，欧洲的统一始终存在向心力；而法国往往决定历史的钟摆更偏向哪一方。至于德意志精神，英格兰风度，法兰西文化，在世界上也有很深影响。

根据世界银行数据，2016年德、英、法三国的经济总量加起来为8.64万亿美元，不到中国的80%，而1978年，仅联邦德国的经济总量就是中国的3倍多。我们常常说，"改革开放是决定中国命运的关键一招"，诚哉斯言！

三次欧洲之行，虽是走马观花，但累积起来，由彼及此，还是有些体会与收获。

"漆器艺术的摇篮"

我作为课程主任，与一批商界精英参加天链知识公司①组织的德国访学团，去了德国5个城市的10家公司和机构，感受到德国公司在创造高价值方面的韧性和创新能力，也感受到地方政府千方百计促进就业与投资的服务态度。但最触动我的，是在西北部城市明斯特的漆器艺术博物馆。

明斯特有30万人口，其中五六万是大学生，城市有几十万辆自行车，被称为"大学城"和"自行车之都"。我们去的漆器博物馆，源于两个收藏家的爱好，后由化学巨头巴斯夫汇聚资助，在20多年前对公众开放。这里不仅有东亚、欧洲和伊斯兰世界的2000多件漆器艺术品，也是漆器研究中心，有几千本相关书籍。我在这里第一次感受到漆器艺术的精深，也第一次知道1.3毫米的厚度竟然可以漆上上千层。

"中国是漆器艺术的摇篮。"讲解员说。博物馆收集的时间最早的藏品是公元前450年的中国墓穴的陪葬品，一件带盖的容器。这里还有秦朝的酒卮，元朝的雕漆盘，宋朝的盏和重瓣菊式盘，乾隆年间的题诗雕漆碗和九龙雕漆宝盒。一个明万历十五年的五爪金龙柜，原是宫中物品，流入民间后把金龙的一只爪子磨掉（四爪不再代表皇帝），这才运出国境。

日本漆器在唐代高僧鉴真东渡之后起步，但青出于蓝，工艺更为复杂。有种工艺是在未干透的黑漆上喷撒金银粉，让光泽的漆面和金色之间交互作用，沉静中跳出惊艳之美。

---

① 一家立足于企业管理、商业智慧领域的全知识链服务公司。

16世纪中期，葡萄牙、荷兰的远航商人把中日漆器运到欧洲，它们成为欧洲人倍加推崇的奢侈品。由于漆树在欧洲难以成活，海运又很耗时间，漆液很快会干掉，所以欧洲人开始研发自己的配方，用油、树脂和黏合剂造漆。刚开始，欧洲的漆器模仿东方的造型、纹样和工艺，延续了差不多200年，18世纪才开始脱离东亚模式，创出自己的风格和技术，表现独特的主题，如神话和英雄。

伊斯兰漆器艺术早于欧洲，是11世纪末开始的，多用在书封装帧、漆笔盒等器物上，博物馆展示的伊斯兰漆器的主题多是葡萄树、花、夜莺等。博物馆认为，印度、波斯、土耳其的漆器是东亚和欧洲之间的桥梁。

同行的朋友说，中国的好东西都在大英博物馆和类似这里的地方。我去伦敦时专门到大英博物馆参观，自然有同感，但这一次，我想到了一些新的角度。

重新为世界建立标准

首先我想到的是，一个国家的强盛，最重要的标志是为世界建立标准，也就是让世界高度认同你的产品和服务具有高价值与亲和力。

中国曾经为世界建立过标准。16～18世纪，欧洲上流社会对中国茶叶、丝绸、陶器、家具、漆器等的追捧，就像今天中国人对爱马仕、拉菲、百达翡丽、宾利、保时捷等的追捧。那时，以中国文化和生活方式为内核的中国器物（Made in China）是欧洲的奢侈品，中国"三件套"——茶叶、瓷器和丝绸是最强势的商品，其地位远胜于今天的iPhone、德国汽车、法国化妆品和意大利男装。那时伦敦的茶叶店和欧洲国家的杂货铺，"中国新茶上市"是最具刺激性的告示，谁能更快地运来中国茶叶谁就能在商业中获得优势。竞争甚至推动了造船和航运技术，飞剪船（Clippers）的发展就是证明。

从商业文明角度看，中国不仅产品卓越，而且商人的商德良好，在对外贸易中守信用，按合约办事，还会慷慨地将产品赊销给资金乏力的外商。美国第三任总统杰弗逊曾说："中国人的勤劳和智慧在一切有关生活便利方面是显著的，欧洲比较近代的几种艺术的源流，却已消失在蒙昧的时代之中。"

由于中国器物价格昂贵，欧洲包括后起的美国在和中国的贸易中长期逆差，英美最后以鸦片作为武器。埃里克·杰多·林（Eric Dolin）在《美国和中国最初的相遇》中指出，从1784年到1814年的30年，近300只美国商船向广州航行了618次，新英格兰的花旗参、夏威夷群岛的檀香木、西北太平洋沿岸的海獭几乎绝迹，燕窝、鱼翅、玳瑁、海参也险遭不测。即便如此，两国贸易还是逆差，中国不仅是"欧洲白银的坟墓"，美国白银也有去无回。为扭转不利，在美国首任驻广州领事塞缪尔·肖（Samuel Shaw）的建议下，美国船只开始携带鸦片进入中国。因为英国垄断了印度产的鸦片，美国花了很长时间才在土耳其找到鸦片。这种鸦片进入中国后被叫作"金花土"，虽然质量不如印度鸦片，但因为便宜很有市场，美国迅速成为仅次于英国的第二大对华鸦片贸易国。为保护走私，"鸦片飞剪船"（Opium Clippers）还配备了重武器，如大炮和枪支。

回顾历史不难看出，"Made in China"的生活方式曾是那样引领风气，如果英美不用鸦片这一"阴招"，完全无法和中国竞争。这就是高价值产品的威力。对于鸦片贸易的不合法性，美国政府也承认，1844年《中美望厦条约》的第23款指出："合众国民人凡有擅自向别处不开关之港口私行贸易，及走私漏税，或携带鸦片，及别项违禁货物至中国者，听中国地方官自行办理治罪，合众国官民均不得稍有袒护。"

近代工业化时代之后，中国逐步落伍。今天"Made in China"的面貌虽然大为改观，中国产品在世界很多地方都成为物美价廉的象征，但其总体上的地位和十七十八世纪时打遍天下无敌手的茶叶、瓷器和丝绸远不能相比。我在南通听说当地造的顶级红木凳子，17万元的单价足令闻者咋舌，但专供爱马仕之后，这种凳子的价格竟然超过50万元，谁更有品牌溢价不言而喻。日本、德国今天的陶瓷和漆器制造，在材料、工艺和设计上有不少创新，精益求精，在国际市场反而比中国产品昂贵很多。中国真正拥有定价权和话语权的产品屈指可数。

不过，当我在明斯特的漆器艺术博物馆驻足时，我对中国文化和生活方式的前景并不悲观。"好风凭借力，送我上青云。"经济复兴后必然带动文化和生活方式的影响力提升，重新建立世界标准并不是可望不可即的事。民粹主义不可取，但中国文化的精粹、国粹的发扬，可能借此"水到渠成"。在德国工作的朋友告诉我，他2000年刚来的时候，德国电视里播的中国还像是清朝的中国，而现在，原来非常大众化的中餐已经有高档化迹象，在柏林阿德龙大饭店的中国餐厅，一只北京烤鸭的售价是400欧元，深受德国人喜爱。这是正面的"原产地效应"，即随着"中国"这一原产地的实力和形象的攀升，贴上中国商标、具有中国特质的产品的对外影响力越来越强，产生的作用也越来越积极。

再有二三十年，当中国的发展更加均衡，公共文明（比如公厕文明、垃圾处理文明、公共场所礼仪文明）普遍提高一大截，软实力更强，产品质量更好，我相信中国会有一些产品和服务被世界看作美学和时尚的象征，甚至重现历史上的辉煌。

虚怀若谷才有真正复兴

在漆器艺术博物馆，我想到的另一问题是，我们展望中国文化和生活方式在全球范围的复兴，绝不是鲁迅先生所说的"我祖上比你阔多了"的那种精神安慰，以及凡中国的都是好的、"用瞒和骗，造出奇妙的逃路来，而自以为是正路"的那种精神胜利法。

拿漆器艺术来说，中国确实是摇篮，但日本、印度、阿拉伯、欧洲后来都发展出有自己风格的艺术，无论从内容还是形式上，最后都看不出中国的痕迹，好像是一片森林中的不同树种，各有所长，它们有些树种甚至比中国的还好看，也更有生气。所以我们很难说，世界漆器艺术的中心就是中国，一部漆器史就是中国漆器向外界的辐射史。

而近年来关于民族、地理、文化等方面的许多研究都证明，"中心—边缘"的文明扩散论往往不符合历史事实。今天我们头脑中的疆域好像都是固定的，哪里是中心，哪里是边缘，往往由政治话语确定，但今人脑子里的地图和历史上真实的地图一样吗？不一样。比如我们认为云南是中国的边陲，但历史上云南也是一个中心，是印度文化、藏文化、汉文化交织冲撞的中心。中国历史不是由一个中心写的，而是由无数地方的创造共写的。这中间当然有某些区域在某些时间向外部进行文化扩散的一面，但更有相互影响的一面，也有异域"反客为主"的一面。中心和边缘是相对的，关系是流动的，有时是互融的，互相转化的。而中华文明的一个重要特征就是有强大的吸收消化能力，她不向外拓殖，但能吸收外力，内而化之。所以有学者说中华文明是一种"吸收"（absorb）的文明，也就是说中华文明的吸纳力特别强。

中国近代史上有两次重要的开放。1843年上海开埠，是被动开放，当时上海人口数量只有20万，在全国城市中排第12位，并不领先，但由于上海从内河时代走向海洋时代，成为冒险家的乐园，各种资源源源不断而至，到1900年上海的人口跃居全国第一，达到100万。第二次开放是改革开放，是主动开放，其中最具典型意义的城市是1980年正式建立特区的深圳。预计深圳将在2038年左右超过上海成为中国第一大经济城市，也就是说，一个边陲渔村可以用不到60年的时间成为全中国城市之最。

上海和深圳在它们开放的那个时点都不是中心，但后来都成了中心。而中国历史上的很多中心，比如很多王朝之都，今天都"泯然众人矣"。这说明了什么？说明当时空环境出现重大变化，时代坐标发生重要位移后，会为新中心的快速形成提供机遇，而"自以为是"的中心，固守陈旧中心思维的中心，不再吸纳、不再变革、不再进化的中心，很快就会被后来者超越，甚至边缘化。

漆器艺术的演进给我的启示是，世界文明的创造是多路径探索的汇合，每一种探索都构成了文明的来源。在不同时点上，发展或有先后，但最终不会定于一尊。正如我相信中餐的国际地位会逐步提高，但日本料理、法国大餐、意大利美食也仍将各领风骚。

开放的市场与互动的价值

我们这次在德国受到了很好的接待，有的跨国公司如工业4.0的领先者Festo（费斯托集团）^①，其中国区总经理专门飞回德国介绍情况，让我们看了最先进的4.0生产线是怎么运行的。他们当然不是"活雷锋"，而是看重中国市场，Festo一套4.0设备的引进要一两千万欧元，用于培训和教学的模拟微型设备也要五六百万欧元，附加值很高。德国七分之一的就业靠汽车产业，汽车业最依赖的就是中国市场，有人说："没有中国市场，德国经济会崩溃。"

这个时候，我们需要的恰恰是要更加开放。更开放，就有更高水平的"引进来"。只要引进来，就有外溢效应、人才效应。外企获利，中国的得益会更综合和长久。我们要努力让中国成为八面来风的世界风口，千万不要有八方来朝的心态，何况我们很多方面还有不少差距。开放就是意味着要对全世界的优质产品、高新技术、尖端人才、各种先进模式（包括教育、医疗、文化等）开放，让他们因中国市场而受益，得到发展。只要和世界最先进的东西同行，又有强大的学习消化吸收胃口，我们就有更大可能去满足人民对更美好生活的向往。

如果不开放，觉得自己很牛了，而没有借开放创新升级，中国今天的竞争优势（如劳动力成本）也会慢慢消失的。如果未来是机器竞争的时代，我们的优势很快就会变得不明显。

在欧洲期间，我经常想到中国领导人多次讲过的几句话："站立在960万平方公里的广袤土地上，吸吮着五千多年中华民族漫长奋斗积累的文化养分，拥有13亿多中国人民聚合的磅礴之力。"我从经济角度的理解是，中国是因为改革开放才焕发了她的空间规模优势、人

---

① 一家自动化技术领域的世界领先企业。

口数量优势、文化传统优势，改革开放是绽放中国潜力的超级杠杆。

中国的空间、人口、文化条件一直都在，但只有在改革开放和市场经济背景下，这些条件才转化成磅礴之力，几十年时间浓缩了西方现代化进程中的一两百年。但是，中国人真的就比别人聪明吗？马云、马化腾这一代就比柳传志、张瑞敏那一代聪明？不是。我的答案是，形势比人强。外部环境的牵引、市场竞争的压力、争夺顾客的压力，倒逼着中国人前进。勤劳、勇敢、敬业、灵活，这些特质并不是在任何制度和政策环境下都会自动发挥作用的。但当中国拥抱了全球市场，决心通过和平贸易方式、用更有竞争力的产品和服务去奠定民族复兴的基础时，这些特质就会被激发，被加强。马云、马化腾不是神仙圣人，而是在不断响应顾客需求、希望留住顾客、为顾客创造价值的互动过程中，变得一天比一天聪明，也是在不能不变聪明的激烈竞争中，不断开拓创新。最后，中国的博大造就了他们的博大。

所以，当我们谈到某些价值，当越来越多人都在赞美中国价值和中国模式时，我们切勿以为价值是先验的，是中国人与生俱来的，是命定的。价值，是在互动、实践和关系中呈现与发展出来的。价值，是主动选择的结果，你选择什么，就成为什么。

我们的幸运在于，在这几十年的中国大地上，时间开始了！由于对现代化、现代性的选择，对开放的选择，"时间"的维度和内涵发生了改变，变成了适合每个人自由发展、全面发展的时机与时势。这个大时代才是民族复兴的风口。

在中国历史上，同样的时间，有的像加号有的像减号，有的像乘号有的像除号，有的像平方有的像平方根。我们祖先、祖辈、父辈的命运，在很大程度上被时间特征所决定。人生不满百，就这几十年，如果能够生活在符合人类进步潮流方向、可以自由绽放生命价值的乘法时代，何其幸运！

时间开始了，改革开放就是伟大的中国"时间"！

坚持信念与虚怀若谷可以并行不悖，"和而不同，美美与共"才能利人利己，用现代化这一代表着先进性的时间维度来引领前进方向，不仅追求物质的现代化，更追求制度的现代化，人的现代化，则中国大未来，人人有为，亦人人可期。

德国企业如何穿越时间——欧游心得（下）

乐视神话消失后，我碰到一家第三方财富管理机构的董事长，他们销售过三种和乐视融资相关的理财产品，每种2亿元。他说："那时候，能拿到乐视的份额是一种能力，你不拿，投资者催着你拿。"

最近我还和几个著名投资家聊过，他们现在的投资策略都是谨慎再谨慎，第一个谨慎是对风口谨慎，第二个谨慎是对热点谨慎。他们现在投的都是有利润的公司，这样心里踏实。那种跟着热点概念、一阵风过后却没啥收成的投资热，退潮了。

风口上的猪吹得再高，在重力作用下还会摔下来，裸泳者在退潮后还是一丝不挂。

不错，大家都爱风口，而且最大赢家也是FLAG（脸书、领英、亚马逊、谷歌）和BAT这样的，但"一将功成万骨枯"，平台赢家屈指可数。它们赢在早已占好领地，且在网络效应下越来越强，不仅是收获丰厚租金的"地主"，而且依靠流量红利，迫使众多新创公司竞相投靠，又成为股东，成为"金主"，整个体系遂越滚越大。

于是大家会问：既然FLAG、BAT不可得，"性感"概念不可靠，怎么做公司怎样才能穿越时间，做到基业长青？

十九大报告提出中国经济"由高速增长阶段转向高质量发展阶段"，要显著增强经济质量优势。万流归宗，还是质量，是高质量。

如果学创新，最好的标杆是硅谷，如果要体验高质量，德国企业可能是最佳参照。

德国企业的共同点在哪里？

巴斯夫（BASF）：

1865年创立。早期历史如下：1861年，德国曼海姆一家煤气公司老板恩格霍恩意识到煤焦油的商机，开始生产品红（一种红色染料）和苯胺（从煤焦油中提炼的一种原料）。1865年他创建了从原料和助剂到前体、中间体再到染料的涵盖整个流程的工厂，当时有30个员工，此即巴斯夫的起源。1869年巴斯夫的化学家和两位来自柏林的教授合作，成功合成了第一种天然染料：茜素，随后又合成了曙红、正红和槐黄等新式染料。1873年巴斯夫并购了两家知名染料销售公司，借助它们的网络走向世界。1877年巴斯夫从帝国专利局获得了德国首个用于保护靛蓝生产工艺的染料专利，1887年在管理总部旁修建"主实验室"、分析实验室以及企业专利实验室。2016年，巴斯夫销售额达到576亿欧元。

TÜV北德（TÜVNORD）：

1869年创立的家族企业。最初是一个检验锅炉安全的机构，后来发展成全球最大的技术咨询服务、检测与标准认证机构之一，涉及蒸汽锅炉、车辆和电梯、驾驶、反应堆和电力与暖气、能源与环境、风力涡轮机、自然资源和航天航空等领域。我们参观的TÜV部门（TÜV北德的信息安全部门）的检测和认证范围包括移动、数据中心、智慧能源、网络、数据、电力等等。2016年，TÜV北德销售额11亿欧元。

瑞曼迪斯（Remondis）：

1934年创立的家族企业。最早是收集生活垃圾的，后来发展成欧洲最大的废品与资源回收公司，业务包括旧工厂拆除、金属回收、家政垃圾回收、市场建设中的破碎材料再利用等，目前有3.3万员工和8000辆自有车辆，在30个国家800个地点（其中500个分布在德国各州）为超过3000万人和成千上万家企业提供服务。在德国，一个家庭根据居住面积每年要缴纳25～40欧元的垃圾处理费，工厂的塑料废纸、包装材料、建筑垃圾、废金属必须回收再利用。公共场所一般有四种颜色的垃圾桶，分别是蓝色（废纸等）、黄色（塑料等轻型包装）、棕色（生物垃圾、厨房剩余）和黑色（无法分解的垃圾）。2016年，瑞曼迪斯销售收入达61亿欧元。

汉格斯特（Hengst）：

1958年由工程师瓦尔特·汉格斯特创立的家族企业。过滤技术的代名词，生产的机油和燃油滤清器覆盖所有轿车、商用车、农用机械和建筑机械的常用发动机机型。2016年，汉格斯特销售额2.4亿欧元，有3000名员工。

保时捷（Porsche）：

1931 年创立。公司创始人费迪南德·保时捷 1899 年在 Lohner 汽车公司担任设计师时发明了电动轮套马达，1900 年双座跑车 Lohner-Porsche 问世。他在 1931 年创业建立自己的设计公司，他去世后，儿子小保时捷肩负起公司重任，在 1963 年法兰克福车展上推出了著名的 911。

费斯托（Festo）：

1925 年成立。家族企业。世界领先的自动化技术、工业培训和教育项目的领导者。Festo 在工厂自动化和过程自动化领域的产品包括数字控制终端、气缸、电缸和抓取系统、阀和阀岛、气源处理和连接技术、传感器和视觉系统、过程自动化、控制器和电外围设备、工业 4.0 等。2016 年销售额为 27.4 亿欧元，在全球有近 1.9 万名员工，在 176 个国家和地区开展服务。

蓝科（LucaNet）：

1999 年成立。两个合伙人一开始做会计咨询业务，很快发现中小企业缺乏财务控制和数据整合方面的软件，于是向商务智能转型，逐步发展成以财务智能化解决方案为核心的综合运营和决策支持应用系统供应商。目前中粮是其在中国的最大客户，中粮旗下 1000 多个公司和项目（包括合资、参股）财务数据的汇总分析基于该系统进行。

德国公司给我留下的印象是：公司基本都很长寿；创始人基本上

都是发明家或工程师，以某个细分领域的发明专利或技术诀窍为起点，提供高质量产品和服务；不断提升核心能力，不断创新迭代，最后成为行业标准，不仅对外销售产品服务，还输出标准和认证体系、解决方案、专业化流程与设备、培训服务。这是一条"专家化+家族化+专业化+全球化"的路径，以家族化来确保专家气质，以全球化来拓展专业优势，通过高质量和高附加值走上行业规则制高点。

德国之行中有多家公司高管和创始人接待了我们。整个行程结束后，我突然发现，除了在欧洲领先的风险投资基金EarlyBird那里谈了些资本市场的问题，所有企业都没有谈过资本、市值。我问过两位德国企业家："好像中国公司更喜欢美国的路子，更注重新趋势、新模式和估值？"他们的回答竟然一样："我们要提供价值。"

冠军企业靠什么？

上问提到的企业，基本都是本领域内的世界顶尖企业。我多年前采访过《隐形冠军》作者赫尔曼·西蒙，他说之所以写这本书，是因为1986年联邦德国成为世界第一大商品出口国，一位哈佛大学商学院教授问他，为什么联邦德国GDP不到美国的四分之一，出口却能超过美国？他研究了两三年，答案是德国有一大批在细分市场默默耕耘并成为全球领袖的中小企业，技术遥遥领先但又隐身大众之中。当时界定的隐形冠军年销售额一般不超过10亿美元，2012年把标准调高到50亿美元。"隐形冠军"的共同特点是：有成为全球市场领导者的雄心和目标；异常专注；在全球扩展市场。

西蒙还有两个重要观点：一是德国的双轨制教育（企业与职校合作的职业教育体系）保证企业有源源不断的技术工人，人比机器更重要，员工忠诚度高也使企业创新成果不会随着员工流失而流失；二是德国作为一个独立国家的诞生很晚，慕尼黑和斯图加特在20世纪初还不是一个国家，企业因此较早形成了"国际化"思维，就是向外开拓市场。

关于德国制造的研究很多。有学者提出德国之所以能成为"众厂之厂"（为世界工厂提供制造设备），产品耐用、可靠、安全、精密，和专注精神、标准主义、精确主义、完美主义、程序主义、厚实精神是分不开的。"天链知识"创始人李月庆指出，德国创造出一大批世界一流产品的奥秘在于"打好基础，慢就是快"，"挑最难干的事干恰恰是德国人的智慧"。

我还有一些感受。

一是家族企业的精神传承作用。汉格斯特到现在是第三代，他说家族企业的交棒，主要看继承人是否具有企业家精神、传承精神、兴趣和能力，如果有多个继承人还要进行业绩的竞争。传承也有规范，父亲传给他之前没有让他在企业里上过一天班，而是要他在外边锻炼，在外边企业获得足够能力后再回到家族企业。家族企业会聘用外部职业经理人负责运营，但企业家精神以及在大部分决策时加入"长期性"的维度，是家族传承的优势。如在海外建立工厂，家族决策的习惯是直接买下土地，而不是租；在研发方面，家族企业会长期投入，汉格斯特之所以在一体化铸造、外壳加工、复合材料开发、仿生仿真开发、轻量化和智能化等方面始终引领市场，就是靠多年不停投入，有非常稳定的研发队伍。费斯托也是家族企业，他们介绍说家族企业的好处是不受银行和大财团控制。

第二点感受是"扎马步"，打基础，做规矩，而且让所有人建立起一样的规矩和程序。先有规矩，再画方圆，做事程序先行；有些程序在实践中会被修正，但也要固化为程序后再推广开。由于注重先打好基础，德国企业普遍高度重视培训，比如蓝科成立了LucaNet Academy（蓝科学院），进入海外市场时不急着先做销售，而是先做好客服；不急着找代理商，而是先建立自己的公司再找合作伙伴。

德国人有一种关于标准和流程的偏执。高速公路地基要求85厘米，施工者绝不会少一厘米。做流程很复杂，但一旦把流程做好，就可以变成富含技术诀窍的产品，向外输出。比如费斯托有两条完整的工业4.0示范生产线，能实现多批次小规模柔性生产，同时它也把示范生产线迷你化，变成培训教具，在教具上可以同步模拟各种实际生产中可能产生的故障和错误，一台教具售价5000万元人民币。

如果不按规矩办事，会发生什么呢？明斯特市长在市政府的和平厅会见我们时，我们看到修建和平厅时从地下挖出的一枚完整手骨在展示，据说挖出时上面戴有镣铐，是小偷受刑被剁的手。为提醒做人做事要本分，此手一直被保留。我们还问到企业做假账的问题，德国企业的回答是："没有人敢配合你。"

我的第三个感受是德国工人的工作状态。保时捷在祖芬豪森厂区的生产线每天产量为260台，有不少工人，"人性"色彩的加入提升了车的价值。在这里，工人每工作50分钟左右强制休息5分钟，可以在角落的房间里吸烟，可以喝啤酒饮料，因为工厂发现，让工人集中精力工作的时间不能太长，一定要让他们放松一下再集中精力。我们还看到多家德国企业采取"员工生产岛+机器"和全自动化生产线并行的生产方式，前者是几个不同工序工人集中在一个"岛"上，相互配合。有些不适合人力的环节（如负重搬运）才用机械化手段或机器人。

在费斯托，有一个经理专门负责考虑如何提高效率，他用3D打印把整个工厂三层厂房的模型做出来，哪里布局单人岗位，哪里布局生产岛，哪里布局4.0的生产线，所有空间都按照最大合理性来布局，而且让每个工人可以通过模型看到自己和周围的关系、和他人的关系，以建立协同意识。德国有强大的工业4.0能力，但很多企业都说，工业4.0之所以成功，是因为培养出了很好的员工。制胜关键不是机器，而是人。

德国经济背后的文化因素

在对近代工业化和商业文明的研究中，人们经常提到1776年这个时刻，《国富论》出版、《独立宣言》发表和瓦特造出第一台具有使用价值的商业化蒸汽机，都在这一年。其背后是三个因素，即经济自由、政治自由、科技产业化。而通过对德国的访问，我觉得精神文化因素是推动商业文明发展的第四个要素。

在德国制造背后，可以看到"新教伦理与资本主义精神"中的那种以严格的核算为基础的理性化，看到"浮士德精神"里"我要用我的精神抓住最高和最深的东西"的追求和不屈不挠，看到海涅所说的"德意志不是一个轻举妄动的民族，当它一旦走上任何一条道路，那么它就会坚忍不拔地把这条路走到底"的韧性，看到康德"外乎者如璀璨星穹，内在者犹道德律令"的敬畏，看到黑格尔所说的"绝对精神只有两个本质性发展阶段，古希腊的理性与德意志新教的虔敬主义"的追求极致的气质。所有这些，在深层次上构成了德国经济的不息动力。

法治和规则很重要，但如果没有带有普遍性的文化支持，徒法不能自行，行动不能真的到位。

在这篇文章中，我充分肯定了德国企业的优点和优势。当然，德国也面临很多挑战。明斯特市的"首富"、著名投资家安德烈亚斯说，德国有四大挑战，即数字化应用还不普及，技术工人数量供给不足，教育特别是小学教育质量不高，退休与老龄化问题严重，等等。德国质量协会负责人皮恩克斯说，"中国制造2025"战略为"中国制造"指明了方向，到2025年，中国经济发展将给德国带来挑战。

所以德国也在未雨绸缪。我们参观的柏林经济促进局在招商引资方面非常积极，他们为有意愿到柏林投资的企业提供免费找办公楼服务、融资服务、免费猎头服务、免费科技对接服务、申请签证和居留服务，政府也有若干种补贴。他们正在酝酿的一个计划是，让中国创业者到柏林免费试运营一段时间，比如三个月。柏林的生活成本低，大学多，文化多元，都是创业的有利条件。柏林经济促进局是半官方机构，有200多人，一半经费是财政投入，一半是很多企业共同出钱委托其做柏林的城市营销。每年政府都要对促进局进行绩效评估，标准是各个行业中新开设公司创造的就业岗位、现有公司增加的就业岗位、到位的注册资本金，等等。

美国公司更多代表了随时跳跃的创新性，德国公司更多代表了"穿越时间"的坚韧性（什么样的企业可以经久不衰，它们又是如何做到基业长青）。中国公司在两个方向上都有巨大可能，在互联网领域更多追求创新，在制造领域更多追求坚韧。而在智能制造、物联网的大背景下，创新与坚韧往往并重。

以前中国向美国学习的很多，金融化程度很高，跳跃性很强，现在，在国家更为重视实体经济发展的背景下，多看看德国，有助于矫正浮躁，从而真正建立那些能够穿越时间的价值和路径。

全球制造新一轮竞争，中国靠什么胜出

2018年的全国"两会"，全国人大代表、小米公司董事长雷军提交了两份议案，一份是《关于鼓励民营企业积极参与"一带一路"建设、提升"中国制造"品牌全球影响力的建议》，一份是《关于大力发展中国设计产业、全面提升中国设计水平的建议》。两份议案的核心，是如何在全球化的新时代，打造具有世界声誉的中国品牌。

在上届全国人大代表五年任期内，雷军一共提交了12份提案，其主线是通过互联网与制造业的深度融合，促进中国制造升级，迈向中国创造。

连续六年，雷军提出的议案都和制造强国、中国品牌相关，这既反映了他一贯的专注，也折射出他的商业价值观。

中国制造：全球拓展，不上则下

制造业是中国的优势产业。根据德勤发布的《2016全球制造业竞争力指数》^①，中国排名第一，是最具竞争力的制造业国家。

但中国制造也面临着很大挑战。在2005年之后的10年内，中国的劳动力成本上升了5倍，与1995年相比上升涨了15倍，与发达经济体之间的成本套利下降，一些发达经济体的企业已经把生产转移到成本较低的国家或搬回自己的国家。

在成本竞争力弱化的同时，中国制造的另一个问题也变得明显，就是有效供给不足，不够优化。根据联合国下属的世界旅游组织（UNWTO）发布的报告，2016年中国大陆游客的境外消费达到2610亿美元，折合人民币比2015年增加12%，且连续12年呈两位数增长。居民境外购物的增速高于境内社会消费品零售总额的增速（10%左右），反映出境外品牌仍有相当强的吸引力。

德勤的研究还表明，美国通过开发先进的制造技术——包括智能互联的产品和工厂，以及在预测分析和先进材料方面的优势，制造业竞争力不断提高，从2010年的第四名上升到2013年的第三名和2016年的第二名。报告预计，美国将在2020年前夺得第一名。

以美国为首的北美区（美国、加拿大、墨西哥），和以中国为首的亚太区（中国、日本、韩国、印度、中国台湾），是全球两大强有力的制造业区域集群。其中这8个经济体有望在2020年前排名制造业竞争力前10强，剩下的两个位置，是欧洲的德国和英国。此外，"强力五国"（MITI-V）——马来西亚、印度、泰国、印度尼西亚、越南，未来几年可望跻身制造业竞争力前15强。

2010年中国成为世界制造业规模第一，非常可喜，也是中国经济

---

① 德勤有限公司（德勤全球）与美国竞争力委员会对超过500名全球制造业首席执行官和高管进行调研访问的基础上做出的深入分析和预测。

综合实力的重要体现。但德勤访谈的全球CEO们认为，先进的制造业技术和材料是释放未来竞争力的关键，发达国家正通过向高价值先进制造业转型，从而为未来创造优势。传统制造业强国——美国、德国、日本、英国2016年一起跻身竞争力前10强，就是一个佐证。

中国制造的总规模遥遥领先，但中国制造的竞争力、创新力、品牌价值，则存在不少短板，和高质量发展的目标也有不少差距。可以说，在当前的形势下，"中国制造"不进则退。

美国醒来：永远不要低估制造业的创新意义

自2010年中国制造业规模超越美国成为世界第一后，从奥巴马到特朗普，"让制造和就业回家"就成为总统最重要的经济口号之一。而对美国学术界来说，最重要的一项反思则是，他们重新发现了制造业在创新方面的深刻意义。

美国自开国之初就重视制造业。首任财政部长、"国父之一"的汉密尔顿1791年向国会提交了《关于制造业的报告》。虽然当时美国90%以上的人口都在从事农业，但汉密尔顿通过对全球的观察提出："不仅一个国家的富足，而且一个国家的独立与安全都是极大地与制造业的繁荣联系在一起的。"他主张政府对制造业给予关税保护，补助奖励创办新企业，协助国内道路、运河等改善，吸引商人投资于制造业的冒险事业中，而不是"完全停留在商品交换和运输这样既舒服又获利的领域"。虽然报告因被南部农场主的政治代表反对，没有通过，但19世纪30年代工业革命开始兴起后，他当初关于制造业立国的报告被政治家和商界重新拿出来作为指导。

由于早期缺乏纺织机方面的技术，美国就在英国散布秘密告示，对愿意来的技术工人许以重酬。"美国制造业之父"塞缪尔·斯莱特从英国千方百计来到美国，凭着记忆造出各种纺纱机器；"美国技术的摇篮"马萨诸塞州斯普林菲尔德军械厂的很多技术创新，来源于苏格兰工程师亨利·伯登；威尔士人戴维·托马斯最早将无烟煤炼铁技术引入宾夕法尼亚的钢铁工业中。诸如此类，不胜枚举。

如果说以蒸汽机为代表的第一次工业革命时，美国还是英国的学徒，从英国"进口"技术做原料加工；到以电气化为代表的第二次工业革命时，美国在钢铁、石油、电力、机械制造等方面已经和英国、德国不相上下。诺贝尔经济学奖得主道格拉斯·诺思曾指出，1840年和1860年的美国制造业，其最重要的区别不是产值的快速增长，而是"制造业向新兴工业部门的传播"，当时的新兴工业包括钢铁、能源工业、铁路机车等。19世纪末20世纪初，美国成为世界制造业的龙头老大。

第二次世界大战强化了美国作为"世界兵工厂"的地位。著名历史学家阿瑟·赫尔曼在《拼实业：美国是怎样赢得二战的》指出，战场的背后是实业的较量，"私营企业在战时爆发巨大的生产力，迅速将美国军队装备成世界最强大的武装力量。正是那些被战争动员起来的民用工业，以及在军工生产中得到锻炼的普通男女，让美国在战争中唱响了凯歌，并为战后长达30年的繁荣打下了坚实的基础"。"二战"期间，美国海军使用的所有舰船中的92%，是由一位中学辍学的实业家安德鲁·希金斯设计的；另一位实业家亨利·凯泽，从1943年7月到1944年7月，为美国海军生产了50艘护航航母，而整个"二战"期间日本才生产了20多艘航母。美国的生产能力是如此之强，以至于斯大林在慕尼黑会议上说："为美国的生产干杯，没有美国的生产，这场战争就会失败。"

"二战"后美国制造业的优势一直延续，1965年之前美国对日本和欧洲的贸易都是顺差，但1965年日本对美实现了顺差，1966年联邦德国对美国实现了顺差，1971年美国整个对外贸易出现逆差。到七八十年代，美国的钢铁、汽车和芯片等制造业支柱产业都落在了德日之后。里根担任总统之后，力主改善制造业的国际竞争力，推出《经济复兴税法》、缩短大部分固定资产的折旧年限，提出《国家生产力与技术革命法案》，促进工业企业加速技术开发、提供发展高科技的风险资本、教育和培训工人，还在1985年设立了"产业竞争委员会"。正是在此背景下，诺贝尔经济学奖得主、麻省理工学院教授索罗组织了一批教授，在1989年完成了轰动一时的《美国制造：重获生产优势》（*Made in America: Regaining the Productive Edge*），该书第一句话就是："一个国家要生活得好，就必须生产得好。"（To live well, a nation must produce well.）这种反思和努力功不唐捐，到90年代，美国在半导体、计算机等方面重新夺回了优势。

面对中国制造的崛起，尤其是中国在2001年加入世界贸易组织、融入全球大市场之后，美国跨国公司在全球化、信息化、资本流动的共同作用下，大规模将制造业环节外包，以占领"微笑曲线"的两端。在这个过程中，从华尔街到很多学者，都认为制造业的衰退无关紧要，"它实际上预示着美国正在迈向以服务为导向的创意经济时代"。大名鼎鼎的萨默斯就说过，"美国的作用是培育一种知识和服务不断增加的全球经济，不是去制造实物。"经济学家凯文·哈塞特说："任何一位经济学家都会告诉你，制造业的衰退不值得关心，我们正在向创意经济时代转型，但过度外包损害了美国的竞争力。"

最近几年，在新一轮反思中，如同麻省理工学院人工智能实验室教授罗迪·布鲁克斯所说的，美国人发现，对低端制造业的高技术改造中，存在大量的创新机会。美国保留了高附加值的制造业，把大部分沃尔玛级的低端制造业转移到了其他国家，但丢掉它们的同时也失去了许多创新的机会，因为许多创新正是在年复一年的对制造过程改进的进程中产生的。假如有朝一日机器人的成本大大降低，像计算机一样普及，美国制造业的创新潜力无可限量。

软实力：中国制造的升级方向

中国制造会不会被醒来的美国所超越？

从成本、配套能力、人力资本、市场等方方面面来看，中国制造的竞争力短期很难替代。更重要的是，和过往以简单加工为特征的传统制造相比，今天的中国制造已经具备了强大的创造力。其最显著的体现，一个是高铁为代表的"大国重器"，另一个就是和互联网、物联网相结合，能体现中国人口红利、应用型创新的"中国智器"。

制造的智能化、服务化被普遍看作制造业的新趋势，中国在这方面表现得淋漓尽致。以小米为例，从最初的"软件+硬件+互联网"升级为"硬件+新零售+互联网"的"新铁人三项模式"，展示出辽阔的创新空间。小米的硬件体系包括手机、电视、路由产品和外部的生态链智能硬件，小米IoT（物联网）已经成为全球最大智能硬件IoT平台。表面看，它是在造"有形之物"，但背后又是数据驱动的服务，是和用户时时不断的交互过程，是"软实力"与"硬实力"的结合。

美国在相当长时间里将制造业外包，虽然获得了更高的资本收益，是短期收益的赢家，但它没有预料到的是，中国制造不只是制造。

曾任通用汽车副总裁的拉里·贝恩斯说，美国的下一代在看待和理解制造业上要记住五条教训：一是更加全面地看待制造业。不能把制造业仅仅理解为有形物品的制造，制造业不仅包含在工厂看见的装配过程，还包含看不见的设计、中试、零配件、物流、市场、销售等，把这些过程整合为一体；二是制造业必须把顾客的感受作为发展的动力，把顾客需求直接体现在产品中；三是制造商不仅要学会数豆子，还要学会种更好的豆子，要未雨绸缪制定可持续的战略，一定要走在最前面；四是制造业的创新还处于开始阶段，未来创新潜力更大，例如基因组、纳米技术、机电一体化、数字化实时敏捷制造、高性能计算、从摇篮到摇篮的设计；五是具有集成头脑的工程师将成为未来的领导者，没有一个学科能够像制造业那样把设计、开放、验证集中为一个整体。

拉里·贝恩斯未必了解小米公司，但他说的这五条，几乎都是小米的实践总结。小米作为新型制造的代表，正是跳出制造来做制造。小米不仅在做整体的、集成的制造，更是在做顾客驱动的、开放的新制造。

制造的智能化、服务化，是一种软实力，中国制造在这方面有独到之处；但在另一种软实力方面，中国则有一定短板，这就是体验、审美、文化和品牌。

从美国制造业的发展历史来看，知名品牌都离不开文化与设计的支持。前者，可以称之为"原产地效应"，后者，可以称之为"设计美学"。丹尼尔·贝尔在《后工业时代的来临》中曾经预测，未来经济"将生产那种由文化所展现的生活方式"。一个国家能不能出现一批世界级品牌，关键也在于能不能用文化、美学和设计，展现出令人向往和喜欢的生活体验，和消费者发生情感连接、心灵连接。

要提升"中国制造"的全球品牌声誉和影响力，提升中国制造的品牌价值，当下最重要的是大力发展中国设计产业，全面提升设计水平，因为知识、创意密度极高的设计力是全球领先品牌的共性。

设计为何如此重要？从智能硬件角度看，原材料、元器件、芯片、操作系统等有相当的通用性，配件由名厂提供，差异不大。让消费者为之尖叫、心灵共鸣，在很大程度上可以通过设计来实现。

从历史上看，制造强国必是设计强国。德国建立了现代设计理论和教育体系，英国开创了现代的广告设计传播，日本将"good design"（好的设计）作为精良产品的前提，美国更将工业设计和科技、时尚结合，引导设计潮流。雷蒙·罗维设计的可口可乐瓶，艾斯林格（青蛙设计创始人）设计的索尼特丽珑电视，乔纳森·伊夫设计的第一代iPod和iPad，等等，都是划时代的产品。乔纳森·伊夫在做iPad2的设计时，乘了14个小时飞机到日本会见传统武士刀工匠，从那里获得了铝材加工设计的灵感，让iPad2的板材比iPad1薄了三分之一。所有这些设计，都像劈开冰山的利斧一样，唤醒了消费者。

从雷军6年来的14项提案看，基于小米在实践中的不断探索，他也逐步找到了一条中国新兴企业迈向世界级品牌的道路。这就是以过硬的品质作为基础，以制造的智能化、服务化为一翼，以制造的体验性、设计感为另一翼。这两只强有力的"软实力"的翅膀和硬实力的集合，共同创出性能优良、充满美感、服务多样化和个性化的好产品。

雷军曾说："小米希望能够有机会说服全球的人，终有一天，

'世界复制给中国'将被'中国复制到世界'所代替。"

虽然小米模式未必适用于所有企业，但毫无疑问，小米对极致的追求和持续不断的勇敢创新，对整个中国制造软实力的提升，有着积极的推进作用。

声誉危机、"扒粪运动"与中国企业行动指南

中国企业的声誉危机

企业有很多资产，这些资产的社会价值，最终体现为声誉。声誉也是企业和社会相连接的界面。

根据全球声誉管理机构，声誉研究所（reputation institute ri）的定义，声誉是一种情感纽带，一种保证。保证人们愿意买你的产品和服务，愿意向别人推荐你，愿意去你那儿工作，愿意买你的股票，政策制定者和监管者愿意给你提供经营许可，员工愿意实施你的战略，等等。声誉是信任、尊敬和好感的聚合体。

贝恩咨询公司2003年提出NPS法（净推荐值），认为企业的终极问题只有一个——你有多大意愿向你的朋友推荐它的产品？

推荐者多，口碑相传，就是粉丝经济；贬损者多，品牌形象就像不断漏水的水桶，要把它加满实在太难。

最近几年，越来越多中国大企业陷入不同程度的声誉危机。仅在2018年，就有"作家六六投诉京东售假""携程CEO向深圳消费者致

歉""中兴通讯合规风波""滴滴顺风车空姐案""联想集团5G标准投票",等等。有的危机是猝发的偶然事件,有的危机具有阵发性,有的危机则从点到面扩散,在今天就给未来埋下了伏笔。

还有些声誉危机是谣言驱动,比如李彦宏的家事,以及联想集团反对使用国产操作系统等。就算及时辟谣,但负面影响已经造成。

从我的观察看,今天几乎所有中国知名企业的公关经理以及公关服务机构,都陷入空前的焦灼和不安,且深感无力。不止一位负责人告诉我:"看来唯一出路就是迅速简明回应,不再揪扯,等其他公司的新危机把我们覆盖掉。越扯越扯不完,什么事都不用做了。"

美国历史上的"扒粪运动"

声誉危机不是空穴来风,基本都和某个具体事件相关,特别是和负面事故相关。企业首先要基于事实反馈,如有问题坦诚面对,亡羊补牢。

同时我也在想,中国大企业大面积陷入声誉危机,是不是说明中国在发生一场类似美国19世纪90年代到20世纪10年代的"扒粪运动"(Muckraking)?即对揭露和传播负面特别有兴趣。

美国"扒粪运动"爆发于"镀金时代"之后。1861~1865年南北战争后,美国借助第二次工业革命的机遇,铁路石油电力大发展,深度工业化,从自由资本主义走向垄断资本主义,此即"镀金时代"。但金色的另一面是黑色,如官商勾结、贪污受贿、垄断霸权、财富不均、血汗工厂、童工女工境遇悲惨、假药和劣质食品充斥等。此时,新闻媒体扮演了揭露者,最具代表性的是记者菲利普斯的《参议院的背叛》、记者斯蒂芬斯的《城市的耻辱》、作家辛克莱的《屠场》、记者塔贝尔的《美孚石油公司史》等等。

"扒粪运动"中最畅销的杂志《麦克卢尔》1893年问世，定价只有15美分，走大众化路线，1903年1月同时刊载了斯蒂芬斯的《明尼阿波利斯之羞》、塔贝尔的《美孚石油公司史之1872年石油战》、雷·贝克的《工作的权利》，从政客、商人、工会三方面无情揭露黑幕。杂志创始人麦克卢尔在当期社论中说："政府官员和资本家都在以一种合谋的方式触犯法律，最终的代价就是我们的自由。"

美国"扒粪运动"中的新闻记者有很强的社会责任感，也有专业主义态度和能力。斯蒂芬斯当过《麦克卢尔》总编辑，后转任记者，亲往第一线调查市政腐败，从密苏里城一路写到明尼阿波利斯、克利夫兰、纽约、芝加哥、费城、匹兹堡，大量依靠第一手数据。塔贝尔的父亲从事石油开采，她非常了解这个行业，花了5年时间调查，数据翔实，写了15期报道。

社会责任和专业主义的结合，让斯蒂芬斯、塔贝尔一代开创了调查性新闻的先河。大名鼎鼎的李普曼20岁时就在斯蒂芬斯的指引下，与他合作了关于格林尼治市政腐败的调查。斯蒂芬斯、塔贝尔的作品为西奥多·罗斯福总统推行进步主义改革提供了可靠资料，促进了政府对大企业从自由放任到依法监管；他们在批评大企业的时候，也呼吁公民意识的培养。斯蒂芬斯说他"记录耻辱，也记录自尊，既是不光彩的自供，也是荣誉的宣言"，呼唤人们共同努力拯救道德失范，抵制"为了钱不顾一切"的风气。在他看来，一个普通市民向看门人行贿，虽然和利用政府权力获得特许经营权比起来只是小菜一碟，但两者在行为上的行贿属性是一样的。

同为"扒粪"，有何不同？

中国今天的"扒粪"，和美国当年有何异同？

从商业环境看，美国经历了高增长的"镀金时代"，中国最近40年也是高歌猛进。在快速发展中，经济和社会存在一定失衡，社会集聚了很多矛盾，找一些出气口通一通，这是必然的。而中国企业在过去几十年重商主义环境下，总体舆论环境是正向的，不少企业习惯于表扬，对负面舆论管控也比较得力。现在突遭社交化网络时代"人人都是媒体"的冲击，难免不适应。

中国企业要从被批评、被质疑中，深刻辨析时代变迁和传播环境的变迁。特别是涉及消费者投诉的问题，要本着以人为本的态度及时处置；但另一方面，我们也要看到，中国今天对大企业、知名企业的很多"扒粪"和美国当年的情况有很大不同，不可不察：

专业化程度

斯蒂芬斯、塔贝尔等美国"扒粪者"的调查，严守新闻规律，以事实为据。他们都是职业行为，报道关系到所在媒体声誉，有完善的核实机制。而今天是互联网、社交化、自媒体时代，"扒粪者"有空前的发布自由，但很多并不具备专业能力，加上追眼球、拼流量、谋私利，就使得关于企业的负面消息很多都似是而非，以偏概全，谣信混淆，为黑而黑。

竞争环境

中国市场长期存在激烈竞争，"公关战"很普遍。自媒体、社交分享平台，客观上带来了低成本打击对手的机会。

"噪声"管控的难题

企业一般都把负面信息当成"噪声"，互联网时代之前对"噪声"管控还有一定方法，比如危机管理，或舆论管理部门出面。现在这些方式很大程度上失灵了，因为"噪声"数不胜数，且不断变形，以病毒传染般的方式进行传播，一统舆情已不可能。

"若批评无自由，则赞美无意义"，所以我们不能回避和阻止"扒粪"。但"扒粪者"也必须问自己一个问题——这样"扒粪"能不能像美国当年那样推动社会进步？为扒而扒，胡扒乱扒，甚至把谣言、碎片事实、不靠谱的猜想都拿来扒，最后结果是什么？是"污名化"的普遍化，商业生态不是进步而是退步！

中国企业没丢中国人的脸，而是给中国人长脸

我在媒体行业28年，主导过许多"扒粪"报道，觉得自己对中国企业的问题是了解的。这些企业隔三差五就发生声誉危机，这是不是意味着它们真的很不堪？我的答案是：不是。

依然和美国当年"扒粪"对比，中国企业有三个不同：

法治化程度不同

美国在"扒粪运动"前，在保护消费者权益、药品食品安全、饮

用水安全等方面都没有立法，一些企业完全胡来。中国有相对完善的消费者权益保护体系和质量服务标准，上市公司的法治化监管也在不断加强，企业总体上是不断规范的，不可能胡作非为。

价值观不同

"镀金时代"的美国企业为了赚钱不惜牺牲社会正义和公共利益，他们公开说"企业的唯一责任就是创造股东价值"。而中国从《公司法》的要求到政府和社会的监督，使企业必须承担社会责任。在中国，要是企业说自己"只认钱"，会遭到舆论的严厉指责。

发展阶段不同

中国市场经济是在全球化背景下展开的，改革开放后吸收了世界的先进技术、管理和经验，市场上一直有先进公司作为标杆和样板。比如早年海尔学习松下，联想学习惠普，华为学习IBM，万科学习索尼等。中国大企业的主流是做好公司，做基业长青的好公司。

在长期的报道和研究中，我有机会接触不同历史阶段的中国知名企业，看到农耕中国是怎么一步步实现了工业化转型，又搭上了信息化的快车道；看到在"中国制造"崛起的那个年代，中国企业主要靠"成本领先"参与竞争，后来由于形成了越来越完整的零部件体系，以及在管理等方面学习世界先进经验，加上超常勤奋，开始建立起"效率领先"的优势；再后来，由于互联网发展、海量用户规模的驱动、竞争的倒逼，中国企业又开始建立起"体验领先"的优势，如今这种优势正从中国向世界扩展，从线上向线下延伸。随着国民经济的数字化转型，中国方方面面的产业都在大幅度提升效率和改进体验，如新零售、新制造、新金融。现在越来越多的中国消费者觉得国内消费体验比国外好，比国外便利。

从"成本领先"到"效率领先"，再到"体验领先"，中国企业没丢中国人的脸，而是给中国人长脸。未来的挑战将是"创新领先"，特别是原始创新的领先，这方面，中国企业也在快速进步。

我们要正视中国企业的问题，但如果看不到总体的进步和发展，就会"色盲"，就会"心盲"。最怕是带着"有色眼镜"看中国企业。

中国企业被"扒粪"的深层次原因

中国企业成长了，进步了，有些甚至已是行业的世界翘楚，为什么还会被扒呢？这个问题一定要找到答案。

恶意谣言？"黑公关"？有，但不是主要的。主要因素，一是有"粪"可扒；二是社会的要求提高了，在此背景下，企业进步还不够快。

今天的中国消费者可能是全世界最挑剔的消费者。"千禧一代"的年轻族群要求企业不能老套，不能"装"，要性感、鲜活、幽默，和他们自己之间有"通感"；都市中产消费者要求企业有国际范，高大上，精致有品位；三到六线市场的广大消费者最重视性价比，企业要接地气。

特别值得关注的是，中国消费者和中国社会对企业的诉求中，包含了越来越多的社会性意义，而不止于产品功能意义。

有的诉求是"人性化"，要求企业传递人文价值、人性关怀、全球化和多元文化；

有的诉求是"强国梦"和民族主义，要求"国货优先"，视商场为战场的延伸；

有的诉求是"公平正义"和"社会平等"，要求在中国和国外销售的产品同品同价。比如要求同性恋者得到尊重，不再"恐同"，而和官商精英、社会名流相关的消费，在社交化场景中经常被作为负面因素；

有的诉求是"透明公开"，所以对那些"杀熟"现象、利用信息不对称误导消费者的行为，消费者一旦醒来就特别反感。

上述诉求来得急，来得猛，互相交叉也互相矛盾，但都是在要求企业提高"正确度"，无论是政治正确还是社会正确，是国内正确还是全球正确。不能说所有诉求都是理性的，比如国内外同品不同价的背后往往是税收和零部件关税的作用，也有定价考虑，但基本属于在商言商的问题，不宜"政治化"；但是，从大趋势看，中国企业必须直面人民群众对美好生活和公平正义的新要求，要看到基本矛盾是人民群众的新要求与自己的发展不到位、不充分、不均衡的矛盾，在他们要求企业"更在乎我"的时候，企业还不够敏感，未能及时反应。

如果中国企业能够从声誉危机中，跳出对自己被"扒粪"、被不客观地"妖魔化"的那部分委屈心结，就能拨开迷雾，看到社会心理发展的新趋势、新变化，并以此为尺度度量自己，超越自己。

声誉管理趋势与指南

放眼全球，不仅中国企业，全球大企业也面临着声誉危机挑战。根据声誉管理机构RI的统计，2018年全球最有声誉的100大公司的声誉首次显著下降，对大公司的产品购买意愿、股票投资意愿、为其工作的意愿、信其为善的意愿、宁信不疑的背书意愿，都在下降（见图1）。这是大萧条年代之后罕见的。其背后有深刻原因，比如《21世纪资本论》就反映了某种社会现实。

全球大企业在声誉管理方面遭遇的挑战包括："千禧一代"的态度、民族主义和全球化的对峙、假新闻、网络攻击、碎片化推文的轰鸣等等，和中国有很大相似性。

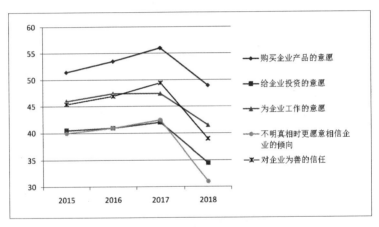

图1　近两年全球知名企业的声誉在各个维度都显著下降（来源：RI）

在这样的背景下，企业声誉管理该怎么做？

首先要明白是哪些因素构成了声誉。按照权重大小，对声誉的影响因素依次是：高质量、价值好的产品和服务，满足顾客需求，对社会有正面影响，有道德的行为，公平营商，良好的组织，开放与透明。

我读了RI最近两年的报告，结合自己的观察，提炼出对中国企业的六点建议：

1. 聚焦于产品与创新。企业要坚定不移地关注高质量和价值，提供快速响应客户的服务；对创新的理解要从新颖性和产品特性的角度，转向塑造新的"生命"，要做新时代的企业。

2. 将产品和公司治理、企业公民行为相连接。有道德、公正和社会影响力是构建声誉的关键。绝对不能出现声誉危机时才想到如何建立声誉，声誉是一项关系到全员、全方位、全流程参与的系统。

3. 只了解消费者的认知已经不够了，现在更重要的是像亲人一样的熟悉感和亲和力。这需要透过开放、真实坦诚、沟通来完成。

4. 由远大目标驱动的公司、有良知的CEO，能够赢得更高声誉。CEO应该成为首席声誉官。要意识到，企业的目标在企业之外，在社会之中，声誉卓著的公司都善于从人的价值与福祉的角度定义自己，注重自己的文化阐释。

5. 社交媒体产生杂音，但也可以让公司与众不同，关键在于要在每一个触点传达有意义的信息。

6. 态度有时比内容更重要。声誉危机管理中最糟糕的情况是给外界"我不在乎""是你错了"的印象。就好像夫妻关系遇冷，有时不关乎具体事实，在乎的是"是否在乎"。很多声誉危机深化的原因是"态度不对称"。

以义制利，中国企业要真正行动起来

我在2015年提出过"好人赚钱"，今天看还要加一个词，"正当赚钱"。公司虽好，也可能因为市场压力等原因，动作变形，引发声誉危机。

梁建章是携程创始人之一，很早就提出"像制造业那样把服务当产品来生产"。为推广六西格玛（six sigma，一种经营管理策略和标准），他带人研读英文原版图书，消化吸收，2003年开始试行，在客户打电话等待时间、接听比例等指标上，力求做到百万分之一瑕疵率。携程靠服务才成为行业领导者，但2017年携程为什么出现机票搭售风波？一大原因是2016年4月民航局发布通知，取消国内机票代理费的返点政策，不让收取票务代理费，互联网票务平台就动了搭售的脑筋。

有了危机不可怕，关键是如何应对。

"作家六六投诉京东售假事件"后，刘强东和京东高管多次剖析，推出了全流程更高标准的客户满意度准则，集团层面成立了客户卓越体验部，以消费者体验为唯一依据和评判标准，推动各个部门提升服务水平、质量和客户满意度。刘强东还写了一封全员信，提出京东的价值观升级为"T型文化"——即"正道成功""客户为先"和"只做第一"。把客户体验重新放在最高位置。

梁建章在携程2018年第一季度财报电话会议上，花了很长时间讲"以客户为中心"。他说，以客户为中心，就是在包括产品服务在内的各个方面都以"为客户创造价值"为首要目的。从短期看，这和利润可能有矛盾，但长期来说，为客户创造最大价值的企业必然也会是市场份额最大和为股东带来最佳长期价值的企业，所以"我们不应当为了增加短期利润，而牺牲客户价值"。

梁建章将客户为中心的理念概括为四个原则：透明性（通过将所

有价格、服务内容、退改政策透明清晰地展示给客户，把客户误会的概率降到最低）；可选择性（附加产品要有明显和方便的取消选择和退订途径）；一致性（不同页面的政策和价格要完全保持一致，通过技术和流程把价格变化的可能性降到最低）；公正性（所有评级都应该以客户价值的角度来设计算法和程序，并且尽量做到客观公正）。

为落实这些原则，携程提出了系统化解决方案。比如，"一旦有意外，我们会努力帮助客户挽救损失，即便责任方不是我方，比如酒店超售等"，"通过智能产品设计尽量把客户犯错的机会降到最低"，"尽力提供各种售后服务如退改签等，即便是客户原因取消导致的损失，也尽量帮客户争取有利的取消条件"；成立独立的产品评级机构，最大限度地保障携程产品评级的公正性；成立客户保障委员会，汇报给最高管理层，监督各个事业部执行。

京东和携程都是立志成为世界级最佳服务供应商的中国企业，从他们的动作来看，一个相同的变化是，他们在义利之间坚定选择以义制利，而不是因利害义。这不能保证不出任何问题，但一定会大大减少出问题的概率。

好人赚钱，正当赚钱，则中国企业创造的利润就是"良性利润"，是通过顾客的积极使用、正面口碑传播、忠诚用户的创造，来实现可持续增长；而不是以恶化顾客关系和损害公司口碑为代价，赚取不良的、不可持续的利润。

中国大企业的声誉危机值得社会方方面面关注，因为他们是中国企业群落中的塔尖部分。希望声誉危机成为企业重建声誉的契机，因为他们前进的每一步，都是中国经济迈向高质量发展新时代的一步。

我从美国红利中看到了什么

从2017年7月起，我自己录制的一款音频内容产品"美国商业文明传奇"在喜马拉雅FM播出，我在节目上线时写过《十年一诺，这场文明探索也是自我的探索》，结语是："只要中国坚持开放的胸襟和眼光，勇于竞争，勇于创新，终有一日，中国的商业文明不仅令国人感到骄傲，也会成为世界商业文明的宝贵财富。"我对中国的商业文明和企业家精神深怀信心，但有一个前提，一个必要条件，就是开放。我们真正打开国门才几十年，仍需以平常心和虚怀若谷的态度学习，特别是总结"大航海时代"500多年来的世界现代化历程，取长补短，砥砺互动，为我所用。

研究美国商业文明，最终是为了中国。

录完节目，喜马拉雅FM的编辑要我增加一期作为总结。来不及准备，脑子里突然跳出一个词——"美国红利"，也就是帮助美国成为领先经济体的那些支持因素，不知不觉讲了20多分钟。直抒胸臆，不系统，但却是沉淀下来的最直接、最真实感受。

红利一：新大陆红利

美国是在一个新大陆上建立的，之前这里没有任何形式的国家。美国商业文明史就是一部新大陆的拓荒开拓史。

1606年12月，英国的一个商业冒险公司弗吉尼亚公司拿着英王詹姆斯一世的"特许状"，组织了三艘帆船和144人的移民，航过大西洋，第二年5月到达北美洲中部距离切萨皮克湾60英里的一个沼泽地半岛，这是英国人在北美的第一个成功定居点，此前18个定居点均无法立足。他们以英王的名字命名此地，就是詹姆斯顿。

冒险就有代价，甚至是生命代价，144个移民上岸时只剩105人，赶上酷热的大旱，又死去一半。不过，他们登上的是一个资源条件非常优越的新大陆。这里有气候适宜、水源充分的大片可耕地，有方便内河运输的密西西比河。相比起来，亚马孙河和刚果河的流域面积比密西西比河更大，但基本在热带雨林中，难以开发。法国作家托克维尔说，美国的陆地和水系、山岳和河谷，都布置得井井有条。"那些十分适于经商和开工厂的海岸，那些深水河流，那个用之不竭的密西西比河大河谷，总之，整个这片大陆，当时好像是为一个伟大民族准备的空摇篮。"

空摇篮，代表的就是新的空间和未来。从人口看，也是新大陆。英国人最早到达北美大陆时，北美原住民只有100多万。从制度看，也是新的。弗里德曼夫妇①在比较英国和美国时说，美国"阶级和等

---

① 米尔顿·弗里德曼及其夫人罗斯·弗里德曼（Milton Friedman&Rose Friedman），米尔顿·弗里德曼为美国当代经济学家，芝加哥学派和货币学派的代表人物之一，于1976年获诺贝尔经济学奖。多部作品是与妻子罗斯合作完成的。

级的荼毒较少；政府的限制较少；而土地则较为肥沃，人们可以去努力开发"。对由于各种原因来到这里的欧洲人来说，跨越大西洋很不容易，到了新大陆就不准备再回去。因为回不去，也倒逼他们必须在这里有一番作为。

美国不是一天形成的，其边疆是不断外拓的。独立时它只是大西洋沿岸一片狭长的地带，加上1783年英美《巴黎和约》中英国答应划给美国的一部分领土，总共不到83万平方英里。19世纪的"西进运动"，美国不仅从印第安人那里夺得了密西西比河以东地区，还把疆界从密西西比河向西推进了1500英里，直到太平洋。从1783年到1860年，美国领土从83万平方英里增加到300万平方英里，密西西比河成为美国的内河。

新大陆给美国带来了巨大的资源红利，也造就了美国人的开拓意识。它是一种精神基因。1960年肯尼迪提出"新边疆"，美国学者说，"要把地理意义上的边疆与经济意义上的边疆区别开来"，经济新边疆是要囊括一切"未开发的领域"，比如用先进科学技术向宇宙空间扩张。

回想中国改革开放后的变化，也是靠新力量驱动。特区就是最早的"新边疆"，没有历史包袱，没有既得利益束缚，它是自然的也是经济的，更是制度创新的。所以深圳能用这么短时间成为最具经济活力的城市。民企、外企也是"新边疆"，过去几乎没有，今天则占据了大半壁江山。这些"增量探索"让中国焕发了活力，摸索出经验后，又在更大范围推广。现在的自贸区也是在探索经济"新边疆"。

红利二：基于个人自由与契约精神的制度红利

在1607年的詹姆斯顿定居点之后，第二个具有重大历史意义的事件是1620年的《五月花号公约》。这批乘坐"五月花号"船到新大陆的欧洲人，有的想去传教，有的想去挣钱，有的是在旧大陆被排斥待不下去。他们互不待见，摩擦不断，但既然买了同一张船票，就必须学会共处，哪怕很不情愿。由于导航设施简陋，船上只能计算南北方位，无法计算东西方位，加上天气恶劣，"五月花号"快到大陆时偏离了原定目的地200多英里，船长看到食物和水所剩无几，还有人生病，只好决定尽快结束航行，到距离最近的鳕鱼角就靠岸。

这个意外的登陆产生了一个问题。移民们原来的"特许状"来自弗吉尼亚公司，他们和公司签的开发协议只适用于哈德逊河以南的弗吉尼亚地区，而登陆地不在协议范围。上岸前，一部分人提出一上岸就不再受协议的束缚，不再受英王的辖制，要彻底自由。另一方则认为，无政府社会有自由，更有风险，不受英王约束，也得不到英王保护，单个自由人很可能被陌生环境所消灭。磨合到最后，他们起草了一份协议，41名成年男性签署，这就是《五月花号公约》。

公约内容很简单："……我们在上帝面前共同立誓签约，自愿结为民众政治体。为了更好地落实、维护和发展前述目标，法律、法规、条令、宪章和公职将不时被制定、颁布或设置，只要其最符合、最利于殖民地的普遍福祉，我们都保证遵守和服从。"文明史上第一份真正的社会契约就此诞生。虽然当时这只是面对无常命运的权宜之计，但却奠定了一个原则，就是政府是因为人民的自由意愿才建立的，社会必须依法而治，只要符合普遍的福祉大家就要保证服从。从这里可以看到，自由不等于自然状态，而是要共同遵循自觉自愿订立的规则。

《五月花号公约》的精神延续到1776年的《独立宣言》中，即政府是为了保障人民"不言而喻"的权利而建立的，"其中包括生命权、自由权和追求幸福的权利"。这里没有提到财产权，因为财产权就是实现"生命权、自由权和追求幸福的权利"的必要路径。在1787年美国《宪法》中，财产权得到了具体体现，比如第一条第八款就有"保障著作家和发明家对其著作和发明在限定期间内的专利权，以促进科学与实用技艺的发展"的规定。1792年通过的《宪法修正案第四条》规定，"人民保护其人身、住房、文件和财物不受无理搜查扣押的权利不得侵犯"。对财产权的保护是激发人民奋斗的基石，例如19世纪的西部大开发就离不开林肯总统签署的《宅地法》。它规定凡一家之长或年满21岁、从未参加叛乱之合众国公民，在宣誓获得土地是为了垦殖目的、并缴纳10美元费用后，均可登记领取总数不超过160英亩的宅地，登记人在宅地上居住并耕种满5年，就可获得土地执照而成为该项宅地的所有者。

正是因为依法保护财产权，美国有非常适合创业、创新的环境。上世纪末，微软被司法部进行反垄断调查，一度面临被分割的危险。《今日美国报》采访比尔·盖茨，问他对政府要分割微软有何看法，他说："撇开这宗诉讼不谈，这仍是一个利于创业的伟大国度。我对这个国家的感激，远胜于这宗针对我们的官司。"美国历史上有不少反垄断案例，比如1911年拆分掉了洛克菲勒的标准石油公司，但整个过程是通过公开司法审理完成的，且洛克菲勒的财产权并不受损，只是分到了30多个独立公司，失去了垄断控制权。

中国的市场经济发展，也和对财产权的确认与保护息息相关，而且还在不断加强保护。但从法治化保障的程度看，还有相当长的路要走。对人的自由权利的保障越牢固，创业者和企业家的投入就越长远。"成功自是人权贵，创业终由道力强。"1903年梁启超首次访美时的感受，犹未过时。

红利三：基于独特责任和平等主义的文化红利

商业发展需要制度支持，也需要社会文化支持。《五月花公约》和《独立宣言》是制度红利的源头。从文化看，也有些因素值得关注。

前面提到1607年和1620年的两次航行，此外还有一次重要的航行，即1630年驶往新大陆的"阿尔贝拉号"。在这艘船上，约翰·温斯罗普发布了一个布道词，叫"基督教仁爱的典范"，他第一次提出"我们必须意识到我们将如山巅之城，全世界的目光都在注视着我们"。他后来成为马萨诸塞海湾殖民地的第一任总督。

这是美国文化的一个特质，即意识到自己有独特责任。"山巅之城"源于《圣经》，是千年梦想，代表充满"正义和仁慈"、由上帝所安排的"特定秩序"。约翰·温斯罗普以此为号召要建立的是一个清教共同体，"爱"如韧带将大家连在一起，村镇里一切事物由村民商议决定。虽然美国建国后的方针是政教分离，但这种独特责任的气质延续下来，美国人总觉得自己的身份很特殊。反映在商业中，就是很多创业者总是要"改变世界"，"造福人类"。有人说，谷歌的座右铭"不作恶"就是受"清教徒式理想主义"的鼓舞，谷歌像是"披着公司外衣的宗教"。

"改变世界"并不只是说教，在最早的清教徒移民那里，它也意味着要自己动手，改造环境谋求生存。有个故事说，1630年"阿尔贝拉号"靠岸后，温斯罗普就卷起袖子干活，以此鼓励大家。种植园里没有闲人，温斯罗普不处理管理工作时就跟佣人一起劳动。清教徒敬神，也把这种神圣性植入手工业活动。最早的布道中常有这样的话，"自己做的东西自己看都不看，对优秀工匠来说是很丢脸的事情"，"当优秀工匠看到有人欣赏他的作品时，便乐意竭尽所能地展示他的技艺"。硅谷的车库创业，向上溯源，就是清教徒所崇尚的"亲力亲为"。

除了独特责任，美国商业文化中最为重要的就是平等主义，是机会的民主主义，人人都可实现梦想。富兰克林是美国商业伦理最重要的奠基人，他说："不论家世和背景，每个人依靠自身的能力和成就，都有机会能获得更好、更富裕和充实的生活。"美国公司为什么要在全球拓展？为什么美国的大众化品牌特别强大？从亨利·福特的"让每个人都买得起汽车"到比尔·盖茨的"让每个家庭的桌上都有一台电脑"，都可以从独特责任与平等主义中找到由来。

走向世界的中国公司，如何提炼自己的商业价值主张并真正践行？阿里巴巴、华为这样的公司已经有了很好的尝试，但总体上，我们还处在"在商言商"的做生意状态。

红利四：移民红利

美国是由外来移民及其后裔组成的国家。移民造就美国，没有移民，就没有美国的商业文明。一位法国农业学家在《美国农民来信》中写道，美国人是这样一种新人，"祖父是英国人，他的妻子是荷兰人，儿子和法国女人结婚，生了四个孩子，这四个孩子娶的是国籍不同的妻子"。马克思则评论说："这种移民使美国能够以巨大的力量与规模开发丰富的工业资源，以至于很快就会摧毁西欧特别是英国迄今为止的工业垄断地位。"

2018年以来的中美贸易争端，美国一直指责中国强迫美国公司进行技术转让。其实美国开国初期为了获得英国技术、建立自己的工业，可以说无所不用其极。历史学家本阿塔（Doron Ben-Atar）在《商业秘密》（*Trade Secrets*）断言："美国成为世界工业领袖的方式，乃是借助其对欧洲机械及科技革新成果的非法占用。"

最典型的例子就是被称为"美国工业革命之父"的塞缪尔·斯莱特。他是英国人，21岁时在家乡英格兰德比郡的报纸上读到一则美国宾夕法尼亚州议会的广告，凡能为美国提供纺织制造最新技术者都能获得奖金。斯莱特在阿克莱特创立的工厂当工头。阿克莱特发明了水力驱动的纺纱机，也是在工厂里设立多个工段、让工人进行专业化分工的现代工厂体系的创建者。英国当时对于纺织技术严密封锁，谁要把纺织机器和技术弄出去，就要坐牢，禁止纺织工人移民。斯莱特全靠脑子记下了阿克莱特的发明，1789年9月脱身到伦敦，搭乘"农场工人"号蒸汽船前往美国。到纽约后，他写了一封信给商人布朗，希望得到支持。当时布朗和他的合伙人已经搜集了很多阿克莱特机器的零部件，加上斯莱特的加盟，他们复制了阿克莱特纺纱机，1791年在罗德岛建起美国第一家水利棉纺厂。

这里不展开说美国建国后用了多少手段获取英国的技术和人才，建立起"山寨英国"的工业基础（当时没有国际范围的知识产权公约，英国专利法管不到国境之外），而是想说明移民对美国经济的重要性。吸引技术移民是美国长期国策。

从早期制鞋业中的英国移民托马斯·比尔德，圭亚那移民马泽利格；钢铁业中无烟煤炼铁的先驱德国移民盖森海曼，酸性转炉炼钢法发明人英国移民亨利·贝西默，工业家苏格兰人安德鲁·卡内基，到电话发明者贝尔、电报之父莫尔斯，再到今天的谢尔盖·布林、杨致远、马斯克等，都是移民。尤其是硅谷，有一种说法是"IC是硅谷的动力"，但这里"IC"不是集成电路（Integrated Circuit），而是指印度和中国（India & China）的技术移民。

能吸引全世界的人才，这是美国有那么多发明创造的关键。

红利五：规则红利

美国从19世纪90年代成为全球最大经济体到"二战"后确立全球经济、贸易、金融的话语权，用了半个世纪时间。以制定规则和输出文化为特征的美国软实力至今仍非常强大。中国经济规模相当大，但软实力并不强。

以人民币和美元为例，按照全球银行间金融通信协会（Society for Worldwide Interbank Financial Telecommunications，简称SWIFT）的数据，2015年12月，全球贸易结算中使用人民币的份额是2.31%，2016年12月降为1.68%，2017年12月降为1.61%。而交易中使用美元的比重接近40%，其次是欧元、英镑和日元。如果看全球债务融资、衍生金融工具发行、官方外汇储备货币等指标，人民币和美元的份额差距更大。

很多人都说"美元透支"，但从市场来看，美元仍得到最广信赖。货币是一种价值储存手段，背后是信用和信心，而国际信用不是短期能赶超的。美国当初建立信用也不是偶然的，比如1943年11月成立的"联合国救济总署"，40多亿美元资金，美国提供了27亿；1945年成立的"国际货币基金组织"，100亿美元资本一半来自美国；同年成立的世界银行，91亿美元总资本，美国出了31.75亿。

规则的范畴很广。中兴通讯风波，就和合规有关；很多技术领域也有规则、标准问题。中国经济要像美国那样享受到规则红利，一是实力要更加强大，二是要能得到国际社会的更大认同。规则红利是强国红利和信用红利。

回望美国，眺望中国

在中美贸易的风波里，人们从不同角度做了大量中美比较。我从国家红利的角度再谈三个观点：

第一，美国红利的形成不是一蹴而就的，很多理念的落实经历了很长时间的演进。

以"法律面前人人平等"这一现代文明基石为例。1787年美国《宪法》规定，在分配众议院人数时，"各州人口数目指自由人总数加上所有其他人口的五分之三"，黑人就算在其他人口中，同时自由人总数中"不包括未被征税的印第安人"。美国女性直到1920年《宪法》第19条修正案通过，才有完整的公民权，之前没有与男性公民相同的投票权，已婚妇女不能拥有财产，无权提出财产继承要求，许多州规定女性不能担任陪审员，不能上法庭作证，不能上大学，不能从政。1869年国会通过《宪法》第15条修正案给予黑人及所有有色人种投票权时，女性仍没有投票权。这种例子很多。它们说明美国红利是一步步形成的，"天赋人权"不是从天而降而是慢慢争取的。

第二，美国今天的一个大问题在于，它的红利存在着结构性下降的可能。

新大陆成熟后，未来的新动力在哪里？高度发达、中产阶级"美国梦"普遍实现后，创业精神还能不能成为普遍的追求？对移民的开放与包容是不是在下降？规则红利享受起来虽然很舒服，但能持续多久？从制度看，美国不少方面的经济决策因为受政党政治、既得利益群体、选民文化等影响，变得低效无比。美国也有病。有人说，从一个不会撒谎的总统（华盛顿）到一个整天信口开河的总统，就是美国的昨天和今天。话虽刻薄，却不无道理。当然，绝对不能低估美国面对挑战的变革能力。美国的整体红利依然存在，杰出的创业企业家仍然站在商业创新潮头。

第三，美国红利的下降，有一部分原因是受到了以中国为代表的新兴经济体的冲击，或者说冲淡。

中国作为一个14亿人口的大国，过去几十年创造了改革红利、开放红利、企业家精神红利，创新红利现在也开始释放。

我们回望美国红利，是为了汲取有益经验，建设中国更美好的未来。今年是改革开放40年，如何总结过去的经验至关重要。在我看来，中国经验是在当今时代背景和历史条件下，中国对人类商业文明的普遍规律与普遍价值的新的实现方式，它和支撑美国商业文明发展的红利的方向是一致的，并不冲突，只是实现方式有一定差异。美国红利中的很多因素我们今天仍可借鉴，并可以努力让蓬勃发展的中国红利更具制度保障，更符合现代化经济体系、法治化市场经济的要求。

迎接中国国家发展的新周期

2015年我创业时，一开始打算给微信公众号取名"中国明天更好"。我的同学吴晓波建议用"秦朔朋友圈"，更接地气，有人格化特征和互联网特色。其实英文名更体现初衷，chin@moments把个人、中国时刻、互联网、朋友圈这些因素都关联在一起，时尚集团创始人刘江先生当时很赞赏英文的品牌内涵。

不过，真要践行"记录中国时刻，传播商业文明"的理念，慎终如始，并不容易。

2016年的时候，我选择从"中国超越美国"的视角透视中国时刻，连续写了三篇创刊周年特稿。题目的缘起，是上海高级金融学院钱军教授邀我就"中国20年能不能全面超过美国"所做的一场公开辩论。

钱军1991年从复旦大学世界经济系退学，1992年1月赴美攻读本科，历经奋斗，在美国名校拿到博士学位和终身教职，还拥有500平方米的大房子，可以说实现了"美国梦"。但2013年钱军全家回到上海，"赌中国未来会超越美国"，要圆中国梦。

每个人的命运都是所处时代的某种折射。历史由不间断的时刻构成，但并非每个时刻都能成为"历史时刻"。能成为"历史时刻"的，是那些深刻影响历史走向和无数人命运的时刻。

中国正走向新的历史时刻，这个时刻同时具有全球意义。

没有创业者文化就没有强大的国家竞争力

苏联存在的69年中，绝大多数时间的经济增速都快于美国，国民收入在20世纪50年代平均增长10.3%，60年代平均增长6.8%，70年代平均增长4.9%，虽然滑坡不少，但仍然快于美国。1980年苏联国民收入相当于美国的67%，工业总产值相当于美国的80%。其实单纯从经济数字看，苏联当时的情况远没有到崩溃的地步。

为什么苏联经济最后还是不行了？中国学者在80年代就指出，苏联经济存在严重的结构性问题。

比如，重军备轻民用。70年代苏联的军费开支占GDP的12%，80年代初进一步上升。苏联工业生产的五分之一、机器制造业产品的三分之二和电力工业的大部分用于军事需要。大力发展军工，虽然在一定时间和一定程度上能刺激与军工有关的重工业的发展，但最终对扩大再生产会起很大的破坏作用。而且苏联一般总是用牺牲民用生产和压低生活水平的办法来保证军工生产的优先增长，从而使劳动者的生产积极性受到影响。[①]

又比如，长期依靠粗放经营来扩大再生产。虽然1971年苏共二十四大就提出进行集约化经营，并将此作为"经济战略的核心"，

---

① 陆南泉：《对八十年代苏联经济若干问题的分析》，《世界经济》1983年第12期，第63-68页。

但一直没有真正重视科技发展和加强技术改造，经济增长中靠提高劳动生产率获得的比重也在不断下降。

苏联解体后，西方不少媒体刊登文章，认为中国是下一个。但1992年的邓小平南方谈话和中共十四大，让社会主义市场经济体制得以确立，中国没有"苏东化"，而是走上了在中国共产党领导下进一步解放和发展生产力的大道。邓小平说，"只要中国不垮，世界上就有五分之一的人口在坚持社会主义"，这已是21世纪世界上的活生生现实。

曾经承继了苏联计划经济模式的中国，为何不垮？为何屹立不倒，不断焕发生机？最重要的原因还是改革开放政策的连续性，唤起了亿万人民的积极性、主动性、创造性，通过奋斗追求美好的生活，改变自己的命运。中国迸发出的无所不在、无比强大的企业家精神，苏联在这方面大为逊色，远远不及。

所以像钱军这样的海外学子，曾因对未来的不确定远赴大洋彼岸，如今又大比例地归来。前不久钱军辞任上海高级金融学院的职务，转任复旦大学泛海国际金融学院执行院长，工作从招聘教授到招收学生，再到校舍装修，完全不亚于一次创业。

"泛海"是1985年成立的一家民企，其创始人卢志强最近两三年向复旦大学捐赠了10亿元人民币，泛海国际金融学院就是其中的一个项目。

1952年出生的卢志强，改革开放前是山东潍坊柴油机厂、潍坊动力机厂的普通技术员，后来到潍坊市技术开发中心办公室当了几年副主任，1985年创业，1992年到复旦大学经济学院读了硕士学位。像他这样的创业者，在中国数不胜数。

没有新的自我意识，就不会开启新周期

在英国采访间隙，我抽空又一次去看了大英博物馆。人类早期的很多文明精华，在这里都可以一探究竟。大量珍贵的中国瓷器和字画，这里也所藏甚多。

文明去哪儿了，为什么会在这儿？触景生情，不能不想起中国近代史的深重苦难。"19世纪40年代初，区区一万多英国远征军的入侵，竟然迫使有80万军队的清朝政府割地赔款、割让香港岛。"

这个天问，中国人已经思考了170多年。

我想到的一个方向，要从大航海时代说起。大航海开启了欧洲人新的自我意识，从中世纪的封闭状态走向面对海洋的开放状态，在连接欧洲东西两侧的大西洋和印度洋（太平洋）的过程中，在殖民、贸易、文化等交流过程中，人们掀起了一轮新知识的探索和突破，最终把人类认识和改造自然的能力提高到了一个新水平。在某种意义上，欧洲的近代化也是一场是由自我意识的新觉醒所驱动的知识与技术的新革命。

新世界的发现，需要新的认识世界的眼光和方法，然后借助新方法改造世界，否则人们就会在变化面前陷入"不可知"的无助。牛顿1687年出版的《自然哲学的数学原理》阐述了万有引力和三大运动定律，借助其定律准确算出彗星回归的哈雷说："在理性光芒的照耀下，愚昧无知的乌云，终将被科学驱散。"

《自然哲学的数学原理》体现的是人类对世界的新理解，它证明世界是按人类能够发现的机理运行的，宛如一部神奇而完美有序的机器。行星转动如同钟表指针，由一些永恒的定律支配。

牛顿经典力学的体系影响深广，甚至美国宪法制定者们也曾说，牛顿发现的定律使宇宙变得有序，我们会制订一部法律使社会变得有序。

英国新的自我意识的确立，和伊丽莎白一世密不可分。1558年她继位后，在政治上坚持统一，在宗教上对天主教和新教兼容，同时鼓励航海家对外扩张，建立海外贸易公司，全方位拉开了英国在全球各地的贸易序幕。她甚至鼓励私掠船、海盗袭击西班牙人的贸易。1580年，英国人弗兰西斯·德雷克完成长达三年的环球航行，伊丽莎白一世作为资助人分到16.3万英镑的红利，她亲自到德雷克的舰船上授予他骑士称号。这种激励措施也促使更多人加入海外冒险和殖民的行列。1588年，英国击败西班牙"无敌舰队"，开始成为新的海洋霸主。

这里不是要为殖民掠夺正名，而是强调，要抓住某些重大历史时刻的机遇，必须建立新的自我意识。而中国近代的最大问题在于，在世界开始深刻变化之时，她的大脑停止了思考，产生不了新的自我意识。

1793年英国派往中国的第一个外交使节马戛尔尼，带了大量礼物给乾隆皇帝的80寿辰贺寿，其中有很多代表着当时的先进科技，如天文仪器、天体循环模型标本、拥有110门重炮的军舰模型、工艺品，他还带了卫队以表演炮兵装备。但清军将领福康安检阅英国使团卫队时说："看亦可，不看亦可。这火器操作，谅来没有什么稀奇。"马戛尔尼当天在笔记里写道："他一生中从未见过连发枪，中国军队还在用火绳引爆的枪。"英国使团到镇江时，清军举行欢迎操演，主要装备还是弓、箭、戟、矛、剑之类的冷兵器。

葛剑雄教授曾在央视《百家讲坛》节目中论及中国的幸运和不幸。幸运的是，"高山、大海、沙漠、草原将中国与其他文明中心隔开了，使她成了东亚大陆最强大的也是唯一的文明中心。而在工业化以前，其他文明中心的武力，如东征的十字军、阿拉伯帝国（黑衣大食）的军队，没有一次能进入中国。北方游牧民族尽管曾经不止一次征服过中原，最终却毫无例外地成为文化上的被征服者"。而不幸则在于，"当沙皇俄国的势力已经扩展到西伯利亚以东，葡萄牙和荷兰的舰队已经航行在台湾海峡和南海，英国已经在印度建立了殖民统治并通过东印度公司向东南亚和中国推进，天朝的皇帝和绝大多数臣民却毫无知觉，在自己紧闭的大门内继续做着天下之中的美梦。"

如果当时清廷能从英使带来的铜炮、榴弹炮、毛瑟枪、连珠枪等送上门的坚船利炮中，看到英中的军事科技已不是同一水平，完全可以早早变革。但乾隆皇帝让人把这些礼品全都放进了库房之中，1840年鸦片战争爆发时中国人发现，英军使用的武器和库房中的很多武器一模一样。

美国汉学家史景迁在《追寻现代中国》一书中描述中国的晚明时代时曾指出："在1600年前后中国的文化生活繁荣兴盛，几乎没有国家可以与之相提并论。如果枚举16世纪晚期成就卓著的人物，比较欧洲的社会，不难发现，同一时期中国取得的成就在创造力和想象力上皆毫不逊色。"但历史的兴衰，恰恰也在此时来到了一个十字路口。

史景迁说："当西方驰骋全球，拓展视野，在探索世界的领域中独领风骚时，明朝统治者不仅禁止海外探险，丧失了认识世界的机会，而且自拆台脚，不到五十年就将自己的王朝断送于暴力。"

站在国家周期新起点上的中国

俱往矣，还看今朝。

著名经济史家麦迪逊的研究表明，在1400年的时候，中国的人均GDP高于西欧（500美元vs430美元），15世纪末，欧洲进入大航海时代，这是一个重要的分水岭。1820年，中国人均GDP已不到西欧的一半（500美元vs1034美元），1950年更是不到西欧的10%（454美元vs4902美元）。到1989年，中国人均GDP收窄到西欧的六分之一左右（2361美元vs14413美元）。[①]

按照世界银行发布的2016年各国GDP及人口，德国人均GDP为41936美元，比利时为41091美元，英国为39900美元，法国为36855美元，意大利为30527美元，中国为8123美元。国际货币基金组织曾经发布的各国2016年人均GDP数据和这个统计基本相仿。可以看出，中国的人均GDP水平和西欧差距进一步收窄。

如果看《财富》世界500强数据，2002年美国公司在世界500强中有198家，2017年有132家，15年间，三分之一的公司"落榜"了。日本公司1995年有149家，2017年只有51家，22年间，大约三分之二的公司不见了。他们的空间是被谁挤占的？数据说话，中国大陆从1994年的3家（中国银行、中化、中粮）、1999年的6家挺进到2017年的110家。

互联网就是今天的"大航海"，它更彻底和紧密地把世界联成一体。这方面，中国走在了世界前列，麦肯锡最近的一篇报告指出：

---

① 以上单位均以1985年美元计。

10多年前中国的电商交易额不到全球总额的1%，如今占比超过40%，超过英、美、日、法、德五国的总和；

移动支付在中国互联网用户群体中的渗透率从2013年的25%提升到2016年的68%。2016年中国与个人消费相关的移动支付交易额达7900亿美元，相当于美国的11倍；

在金融科技领域，全球每23家非上市"独角兽"就有9家是中国企业，而且占据全球金融科技企业总估值的70%以上；

中国经济最近40年的强势崛起，从整个商业文明史的角度看，预示着中国已经进入了全球领头羊的行列，而且这种作用将日益明显。

在这个时候，中国拥有怎样的自我意识，怎样看自己，怎样看世界，怎样看待自己和世界，就成为一个"历史时刻"。

图书在版编目（CIP）数据

文明寻思录. 第三辑 / 秦朔著. -- 成都：四川人
民出版社，2019.5
ISBN 978-7-220-11254-6

Ⅰ.①文… Ⅱ.①秦… Ⅲ.①商业文化—中国—文集
②企业家—企业精神—中国—文集 Ⅳ.①F72-53
②F279.23-53

中国版本图书馆CIP数据核字（2019）第044882号

WENMING XUNSILU DISANJI

文明寻思录（第三辑）

秦朔　著

责任编辑	杨　立　邵显瞳	
出　　版	四川人民出版社	
策　　划	杭州蓝狮子文化创意有限公司	
发　　行	杭州飞阅图书有限公司	
经　　销	新华书店	
制　　版	杭州真凯文化艺术有限公司	
印　　刷	杭州钱江彩色印务有限公司	
规　　格	880毫米×1230毫米　32开	
	8.625印张　210千字	
版　　次	2019年5月第1版	
印　　次	2019年5月第1次印刷	
书　　号	ISBN 978-7-220-11254-6	
定　　价	45.00元	
地　　址	成都槐树街2号	
电　　话	（020）86259453	